| 30 | Bezauberndes Burgdorf im Naturschutzgebiet | 61 |
| 31 | Fahrräder, Italiens heilige Kühe | 64 |
| 32 | Die Grotten, die keine sind … | 66 |
| 33 | Karibik-Feeling am Südufer | 68 |
| 34 | Klein, versteckt, entdeckenswert | 68 |
| 35 | Lonato – Kleinstadt mit *bella vista* | 70 |
| 36 | Vergessene Stadt mit ruhmreicher Vergangenheit | 72 |
| 37 | Aromatisch duftendes Lebenselixier | 74 |
| 38 | Exzellentes Olivenöl in noblen Flakons | 76 |
| 39 | Die Magie der Isola del Garda | 78 |
| 40 | Polenta, die Pasta des Nordens | 80 |
| 41 | Tassoni – Kultdrink mit hundertjähriger Tradition | 82 |
| 42 | Eis schlecken nach dem Dombesuch | 84 |
| 43 | Die kaum auffindbaren Spuren des Gaspero da Salò | 86 |
| 44 | Der Weinberg inmitten der Stadt Brescia | 88 |
| 45 | Brescia, die schöne Unbekannte | 90 |
| 46 | Herzhaft genießen in urigen Osterien | 92 |

## Die Westküste des Gardasees

| 47 | Saftige Wiesen, strohgedeckte Häuser und Stille | 94 |
| 48 | Fein speisen am romantischen Seeufer | 96 |
| 49 | Kunst und Kitsch oder lieber ein fantastischer Garten? | 98 |
| 50 | Wo Kapernsträuche aus Steinwänden wachsen | 100 |
| 51 | Nobles Papier vom Valle delle Cartiere | 102 |
| 52 | Himmlische Ruhe, nur das Tosen der Wasserfälle | 104 |
| 53 | Ein wahres Meisterwerk: Strada della Forra | 104 |
| 54 | Beten mit atemberaubendem Panoramablick | 106 |
| 55 | Aromaintensives Olivenöl von der Hochebene | 108 |
| 56 | Traditionelle Küche mit dem gewissen Etwas | 108 |
| 57 | Tremosine: zwischen Himmel und Wasser | 110 |
| 58 | Picco Rosso – der knallrote Hochprozentige | 112 |
| 59 | Surfen, Segeln und Sonnen auf der Hungerwiese | 114 |
| 60 | Limone, Limonaia, Limes? | 116 |

## Die Trentinische Nordküste

| 61 | Riva ohne Touristenshops und Menschenscharen? | 118 |
| 62 | Das pittoreske Nordufer und seine Dichter | 120 |
| 63 | Verträumtes mittelalterliches Künstlerdorf | 124 |
| 64 | Smaragdgrüner See und unberührte Natur | 126 |
| 65 | Traumblick und Hausgemachtes | 128 |
| 66 | Bäume aus aller Welt in einer Oase der Stille | 130 |
| 67 | Literarischer Spaziergang mit Rainer Maria Rilke | 132 |
| 68 | Das Geheimnis von *carne salada* | 134 |

| 69 | Das Grappadorf Santa Massenza | 136 |
| 70 | Der Biogarten auf tausend Meter Höhe | 138 |

# Die Weinregion Valpolicella

| 71 | Gleichgewicht zwischen Geist und Körper | 140 |
| 72 | Traumblick auf das liebliche Valpolicella | 142 |
| 73 | Wilson: die etwas andere Bäckerei | 144 |
| 74 | Ruhig schlafen, gleich neben der Enoteca | 144 |
| 75 | Marmoteca statt Enoteca | 146 |
| 76 | Villa della Torre – Villa des Weins | 148 |
| 77 | Traditionelle Küche und eine gigantische Aussicht | 150 |
| 78 | Abenteuer Natur: Cascate di Molina | 152 |
| 79 | I Sapori del Portico: Krämerladen mit Überraschung | 154 |

# Verona

| 80 | Geschichte, Kultur und Moderne harmonisch vereint | 156 |
| 81 | Über die steinerne Brücke zum Castello | 158 |
| 82 | Ein ungewöhnlicher Briefkasten | 160 |
| 83 | Café Carducci – eine »Bottega Storica« | 160 |
| 84 | »Andar per goti« unter den Arkaden von Sottoriva | 162 |
| 85 | Schöne, verrückte Welt – Giardino Giusti | 164 |
| 86 | Schauspielhaus in Zentrumsnähe: Teatro Romano | 166 |
| 87 | Gürtel und Taschen – made in Verona | 168 |
| 88 | Charmante Veronetta und die sympathischen Läden | 168 |
| 89 | Das süße Paradies: Dolce Locanda | 170 |
| 90 | Dampfende Fleischberge und frisches Gemüse | 172 |
| 91 | Oldtimer und noch viel mehr | 174 |

# Trento und Rovereto

| 92 | *Buon giorno* statt Guten Tag | 176 |
| 93 | Quality of Life – zwischen Tradition und Moderne | 178 |
| 94 | MUSE – Wissenschaft verständlich gemacht | 180 |
| 95 | Historische Residenz über den Dächern von Trento | 182 |
| 96 | Residieren im Renaissance-Palazzo mit Domblick | 183 |
| 97 | Glockenschläge für den Frieden | 184 |
| 98 | MART – Pantheon ohne Fassade | 186 |
| 99 | Sympathische Botschafter der Vallagarina-Weine | 188 |

| ▶ | **Register** | 190 |
| ▶ | **Impressum** | 192 |

# Vorwort

**Der Gardasee ist ein Urlaubsparadies** für Wiederholungstäter. Egal, ob man den gebirgigen Norden, die elegante Westküste, die quirligen Dörfer auf der Ostseite oder die sanfte Hügellandschaft an der Südküste mag, wer mal am Benaco war, kommt immer wieder hierher.

Was verleiht dem größten See Italiens diese magische Anziehungskraft? Ist es die wunderschöne, abwechslungsreiche Landschaft, das milde Klima, die mediterrane Lebensart, die unzähligen Sportmöglichkeiten, die pittoresken Dörfer, das unverfälschte Hinterland, die gute Küche, die unterschiedlichen Weinbaugebiete oder die geschichtsträchtigen Hauptstädte? Die Liste könnte man unendlich verlängern, wahrscheinlich ist es die Mischung aus allem. Denn am Lago kann jeder nach seiner eigenen Fasson glücklich werden!

Das Reizvolle am Lago di Garda ist, es gibt immer wieder Unbekanntes zu entdecken oder man lernt bereits Bekanntes mit anderen Augen kennen. Den wohl schönsten Platz am Gardasee – die Punta San Vigilio – kennt fast jeder, aber haben Sie diese Schönheit schon mal in aller Ruhe von einem Felssitz aus betrachtet? Sicher sind Sie in Verona schon öfters an dem ungewöhnlichen Briefkasten vorbeigelaufen, ohne seine Geschichte zu kennen. Und die wildwachsenden Sträucher an den Felswänden entlang der Westküste haben Sie bestimmt gesehen, ohne zu wissen, um was es sich dabei handelt.

Verlassen Sie mal die ausgetretenen Pfade und Sie werden den Gardasee noch mehr lieben.

Viele vergnügliche, geheimnisvolle Entdeckungen wünscht Ihnen
Monika Kellermann

# 01 Verliebt auf dem Hochzeitsbalkon über dem See

*Als Geheimrat J. W. von Goethe 1786 im spießigen Weimar die Decke auf dem Kopf fiel, ließ er sich kurzerhand in einer Kutsche zum Gardasee bringen, um auf andere Gedanken zu kommen. Das machen ihm seither Jahr für Jahr unzählige Nordlichter nach — gerne auch, um den Bund fürs Leben zu schließen.*

**Was gibt es Romantischeres,** als auf dem Balkon der Burg von Malcesine, direkt über dem See, für das Hochzeitsalbum zu posieren. Dieses Motiv hat der Fotograf Thilo Weimar am Gardasee immer und immer wieder vor der Linse. Malcesine, der pittoreske Ort auf der Ostseite des Gardasees mit der beeindruckenden Burg, ist ein besonders gefragter Ort zum Heiraten! An dem Objekt der Begierde — kurz nach dem Eingang zur Burg —, das an den Balkon von Romeo und Julia in Verona erinnert, läuft man — ist man nicht gerade frisch verliebt oder heiratslustig — vorbei. Denn während der Saison pilgern entlang der Burgmauer Touristenscharen hinauf zur Burg. In den Sommermonaten fällt er vor allem an den Wochenenden auf, wenn die Frischvermählten das Rathaus innerhalb der Burg verlassen, um sich — direkt über dem See — ein fotografisches Denkmal zu setzen. Schön zu beobachten von der Aussichtsplattform des Castellos.

▶ **Romantisch ist ein Abendessen am Seeufer im Ristorante Corsaro, geschätzt für feinste Fischküche. Via Paina 17, Tel. 045/658 40 64, www.alcorsaro.it**

Apropos Denkmal: Eine Büste Goethes hat die Gemeinde zum Dank für seine begeisternden Schwärmereien auf der Burg errichtet. Zu Recht, denn Goethe hat mit seiner *Italienischen Reise* der deutschen Italiensehnsucht sicherlich Flügel verliehen. Mit einem Augenzwinkern könnte man auch sagen, dieses Denkmal ist eine Entschuldigung dafür, dass man den Dichter in Malcesine fast als Spion verhaftet hätte. Es ist eine Büste aus Bronze, die in Anbetracht des Umsatzes, den die Touristen in die Kassen spülen, eigentlich von den Gastronomen vergoldet werden müsste.

**Scaligerburg** · 37018 Malcesine · Via Giuseppe Garibaldi, von hier 10 Minuten Fußweg
tgl. 9.30–18.30 Uhr · Eintritt 5 € · gebührenpflichtiger Parkplatz

Der steinerne Balkon im Burghof von Malcesine ist ein begehrtes Hochzeitsmotiv.

Im Minidorf Cassone mündet der kürzeste Fluss der Welt in den See.
Die einzige »limonaia« auf der Ostseite, im hübschen Dorf Torri del Benaco

# Der kürzeste Fluss der Welt ist ein Fisch-Eldorado

**Der Aril ist 175 Meter lang** und somit der kürzeste Fluss der Welt. So steht es zumindest auf den Schildern in Cassone, einem Ortsteil von Malcesine. An dem kleinen Dörfchen Cassone fahren die meisten vorbei, wobei sich ein Stopp absolut lohnt. Ein reizender Minihafen, verwinkelte Gassen, durch die der fischreiche Aril fließt, und ein kleines Fischereimuseum. Ob sich Gustav Klimt, der österreichische Künstler, auch am kristallklaren Wasser des Aril erfreute, weiß man nicht. Sicherlich fühlte er sich aber in Cassone wohl, das spürt man, wenn man sein Bild *Die Kirche von Cassone* betrachtet. Er malte es 1913 während seines Urlaubs dort.

**Cassone** · Ortsteil von 37018 Malcesine · etwa 4 km vor Malcesine von Bardolino kommend direkt an der Gardesana

# Ein Hauch Zitronenduft über dem Parkplatz

**Der schnelle Weg,** um während der Saison von der Ostseite ans lombardische Ufer zu kommen, ist der Traghetto, die Autofähre von Torri del Benaco nach Toscolano Maderno. Man versäumt aber etwas, wenn man das kleine Zentrum von Torri del Benaco mit dem alten Hafen nicht besucht. Vom Parkplatz nahe der Abfahrt der Traghetti sind es nur wenige Minuten zum Hafen. Kommt der Wind von Norden, wird man am Parkplatz von einem frischen Zitronenduft begrüßt. Zeno Zuliani hätte es sich im Jahre 1760 sicherlich nicht träumen lassen, dass nahe seines Zitronengartens massenweise Karossen aus aller Welt parken. Direkt hinter dem Parkplatz befindet sich die einzige noch voll funktionsfähige *limonaia* der östlichen Uferseite! Nicht vorbeilaufen!

**Torri del Benaco** (37010) · Traghetto An- und Abfahrt · großer Parkplatz

# 04

# Die Fischerzunft von Garda

*Frühmorgens, wenn die Fischer von Garda mit ihren Booten vom nächtlichen Fischfang zurückkommen, erlebt man den quirligen Touristenort von einer ganz anderen Seite. Zufriedene Fischer mit reicher Beute, eine himmlische Ruhe und die ersten Sonnenstrahlen, die die Punta San Vigilio beleuchten …*

**Fischfang hat in Garda eine lange Tradition** und heute ist es einer der wenigen Orte am Gardasee mit einer aktiven Fischerzunft. Während es seit Menschengedenken im Hinterland von Garda eine florierende Landwirtschaft mit Oliven-, Wein- und Getreideanbau gab, war das Gebiet um Garda sumpfig und unwirtlich. Den Bewohnern blieb nur eine Möglichkeit: der Fischfang. Zur Erinnerung an diese Zeit ist bis heute das Kirchweihfest am 20. August der Fischerei gewidmet.

▶ **Die Speisekarte voll und ganz den Gardaseefischen gewidmet haben Livio und Rosaria im Ristorante Al Pescatore im Hafen von Castelletto. Tel. 045/743 07 02, nur abends geöffnet**

Derzeit sind es noch 23 aktive Fischer, mit abnehmender Tendenz, die ihren täglichen Fang in die Cooperativa liefern. Die Cooperativa fra Pescatori Garda besteht seit dem 14. Juli 1942 und ist die älteste Fischereigenossenschaft Italiens. Jeden Tag kann dort jeder bis zum Mittag die frisch gefangenen Fische oder auch zart geräucherte kaufen.

Bei jedem Wetter fahren die sturmerprobten Fischer am Nachmittag hinaus auf den See und lassen die Netze ins Wasser. Zwischen zwei und drei Uhr nachts geht's dann erneut hinaus in die finstere Nacht, um die reich gefüllten Fischernetze ins Boot zu ziehen. Vorwiegend sind es Lavarello-Fische (Renken), die im Netz zappeln. Begehrt sind auch die saftigen Gardasee-Sardinen, die im Spätherbst und Winter am aromatischsten schmecken. Ein genussvoller Vorteil für die Einheimischen und Touristen. Besonders glücklich sind die Fischer, wenn ihnen eine Gardasee-Forelle ins Netz gegangen ist – eine echte Rarität.

**Cooperativa fra Pescatori Garda** · Fischereigenossenschaft Garda · Via San Bernardo 79 37016 Garda · 6.30–12.30 Uhr · Tel. 045/743 07 02 · www.coopgarda.it

Frühmorgens sind die Fischer von Garda noch unter sich und Livio vom Restaurant Al Pescatore in Castelletto freut sich über den erfolgreichen Fischfang.

# 05 Punta San Vigilio –
## mal von oben

*Die Punta San Vigilio ist der schönste Platz am Gardasee – da sind sich Einheimische und Touristen einig. Während der Saison ist das manchmal schwer nachvollziehbar, weil Menschenscharen das einzigartige Flair trüben. Am besten genießt man dann diesen magischen Ort von oben.*

**Einen kleinen Fußmarsch** muss man in Kauf nehmen, aber dann hat man bei himmlischer Ruhe einen gigantischen Blick auf die wunderschöne Landzunge, die elegante Villa Brenzone und die »Baia delle Sirene«. Romantiker sollten sich rechtzeitig vor Sonnenuntergang auf den Weg machen.

Es gibt auf der anderen Seite der Gardesana eine beschilderte Aussichtsplattform, von der aus man einen herrlichen Blick auf das Objekt der Begierde hat, aber auf die Idee sind schon mehr gekommen. Will man alleine sein, wandert man ein wenig weiter nach oben in Richtung der Fel-

Von oben betrachtet ist der schönste Platz am Gardasee noch mal so schön.

senmalerei. Kurz vorher biegt man links ab, aber aufpassen, es ist nichts ausgeschildert! Weiter geht es auf einem Trampelpfad bergauf, bis man zu einer Lichtung kommt. Ein großer Fels dient als Sitzgelegenheit! Machen Sie es sich bequem und genießen Sie es, wie die Sonne über den Bergen der Lombardei versinkt und die Punta San Vigilio in ein warmes Licht taucht. Noch romantischer, wenn man daran gedacht hat, ein Fläschchen Wein mitzunehmen.

Und vielleicht ergeht es Ihnen nun wie dem Humanisten Agostino di Brenzone, der 1540 dieses Gesamtkunstwerk aus Natur und klassizistischer Villa errichten ließ. Er schrieb: »Selbst Neptun ließ das Meer im Stich, trachtend dem Benacus die Herrschaft zu entreißen.«

Wenn es der Geldbeutel zulässt, kann man in der Locanda San Vigilio, dem früheren Gästehaus der Villa Brenzone, heute Luxushotel, eine der noblen Suiten mieten. Von den Gemächern aus haben schon zahlreiche berühmte Persönlichkeiten, unter anderem Winston Churchill, Prinz Charles, König Juan Carlos, Vivien Leigh und viele mehr, den bezaubernden Blick auf den See und die einzigartigen Sonnenuntergänge genossen.

**Punta San Vigilio** · 37016 Garda · zum Geheimplatz kurz vor Punta San Vigilio von Garda kommend rechts in einen Feldweg abbiegen und parken, weiter zu Fuß

# Felsen-Graffiti
# im Morgentau

*Kann sein, dass man diese Felskritzeleien zufällig auf den Wander-
wegen zwischen Garda und Torri del Benaco entdeckt. Kann aber
auch sein, dass man, obwohl man danach sucht, vorbeiläuft. Gut
erkennbar sind die Graffiti längst vergangener Zeiten nämlich am
besten bei Sonnenaufgang.*

**Ohne größere Mühe** kann man die Steingravierungen im Scaligermu-
seum in Torri del Benaco betrachten und wissenschaftliche Informationen
darüber lesen. Mehr Spaß macht es jedoch, die Überreste, die bis in die
Bronzezeit zurückreichen, dort, wo sie entstanden sind, zu entdecken.

Also Wanderschuhe anziehen und Richtung Punta San Vigilio fahren!
Kurz vor der Einfahrt zur Punta biegt man von Garda kommend rechts
scharf ab in eine Sandstraße, die Via dei Castei. Wer nun glaubt, einen gut
ausgeschilderten Wanderweg zu den Felsmale-
reien anzutreffen, wird enttäuscht sein. Exakte
Beschilderungen enden in »Bella Italia« ohnehin
meist im Nirgendwo. Nebenbei bemerkt, hätte
die italienische Bürokratie dies unter Kontrolle,
könnte es passieren, dass man vor dem Aufstieg
einen Antrag ausfüllen muss, bevor man die Ur-
zeit-Graffiti zu sehen bekommt.

▶ **Noch ein wenig wei-
ter in Richtung Benaco, in
San Zeno, ist die Taverna Kus
ein Garant für gute Küche
und feine Weine.
Tel. 045/728 56 67,
www.tavernakus.it**

Marschiert man bei Sonnenschein los, ist es ratsam, eine Sprühflasche
mitzunehmen, denn nur nass werden die Darstellungen deutlich sichtbar.
Nach etwa 15 bis 30 Minuten Fußmarsch gelangt man an den Pietra delle
Griselle. Dieser Felsbrocken heißt so, weil man die Utensilien der Boots-
fahrer »griselle« nannte. Man nimmt an, dass die Menschen damals Se-
gelboote darstellten. Aber gab es damals schon Motorboote? Es gilt als
gesichert, dass manche Zeichnungen in noch nicht so lange zurückliegen-
der Zeit von anonymen Künstlern im Fels verewigt wurden. Macht nichts,
denn so wird das Zuordnen der echten Stein-Graffiti noch spannender.

**Museum in der Scaligerburg** · Viale Fratelli Lavanda 2 · 37010 Torri del Benaco
Tel. 045/629 61 11 · www.torridelbenaco.de/felszeichnungen-san-vigilio-gardasee.htm

Die Graffiti von Garda sind am besten frühmorgens zu sehen, wenn die Steine noch feucht vom Morgentau sind.

Eine Wanderung zum Rocca wird mit einer Traumaussicht belohnt.

# Von Attilas Thron zum Kaiserthron

*Thron des Hunnenkönigs Attila zu sein, nimmt fast jeder antike Steinsitz in Oberitalien für sich in Anspruch. Der Hunnenschock scheint den Italienern immer noch tief in den Gliedern zu sitzen. So trägt auch der steinerne Sitz auf der Rocca di Garda diesen ruhmreichen Namen.*

**Dabei wäre es ehrlicher,** er trüge den Namen Adelheid, der Frau, die in halsbrecherischer Flucht aus der Festung entkam, um die »kaiserlichste aller Kaiserinnen« zu werden. Sie war die erste Frau, die die imperiale Macht mit ihrem Mann teilte. Nebenbei fand sie noch die Zeit, heilig zu werden.

Ihre abenteuerliche Geschichte beginnt auf der Rocca di Garda: Der Langobardenkönig Berengar versuchte, ein vereinigtes Italien zu schaffen und wollte aus diesem Grund die hübsche Königswitwe Adelheid von Burgund mit seinem Sohn vermählen. Die auserwählte Braut wagte jedoch etwas, das in diesen Kreisen und zu dieser Zeit an Tollkühnheit grenzte: Sie lehnte ab. Statt zum Altar wurde die Braut am 19. Mai 951 in die schwer befestigte Rocca di Garda geführt. Jedoch nur für kurze Zeit. Der Vatikan, dem ein vereinigtes Italien stets ein Dorn im Auge war, schickte den Bischof von Canossa nach Garda, um Adelheid beim halsbrecherischen Abstieg hinunter zum See zu helfen. Er stellte ein Boot bereit und brachte sie wohlbehalten zur Burg nach Canossa, wo sie den deutschen König Otto I. traf. Für den kam die thronberechtigte Adelheid zur rechen Zeit. Noch im gleichen Jahr vermählten sie sich und sie bot dem Langobardenkönig symbolisch Italien an. König Berengar starb 966 eingekerkert in Bamberg. Die Braut, die sich nicht traute, liegt als erste Kaiserin des Heiligen Römischen Reiches Deutscher Nation im Kloster Selz im Elsass begraben. Ihr Todestag ist der 16. Dezember und von dem sagt eine alte Bauernregel: An Sankt Adelheid macht sich der Winter breit.

▶ **Hungrig? Wie gut, dass es am Lungolago unter schattigen Platanen die Osteria Caffè Amaro gibt. Gute Küche und Weine der Region. www.caffeamaro.it**

**Rocca di Garda** · Ein Fels zwischen 37016 Garda und 37011 Bardolino ·
Ausgangspunkt für einen Spaziergang mit herrlicher Aussicht

San Vigilio von einer Anhöhe nahe Bardolino aus

# 08 Hochprozentiges von Gobetti

**Golfen oder eine Grappaprobe?** Eine Entscheidung, die ansteht, fährt man zum Golfplatz Marciaga: Rechts geht's zum Golfplatz, links zu Carlo Gobetti, dem Schnapsbrenner. Die Tresterbrände heißen hier »Acquavite di Vinaccia«, damit hebt er sich sprachlich ab von den oft schrecklichen Grappe, die auf dem Markt sind. Bei den Worten Zucker oder Aromastoffe zuckt er zusammen. Vertrauensvoll bringen ihm deshalb viele Topwinzer ihre Trester und Bauern ihre Früchte, damit er sie zu hochprozentigen Destillaten verarbeitet. Eine Probe beim Meister der edlen Destillate ist für Liebhaber hochprozentiger Digestifs ein unvergessliches Erlebnis.

Carlo Gobetti · Distilleria Artigiana · Via Ghiandare 14 · 37010 Costermano · Tel. 045/627 90 00
www.distilleriacarlogobetti.it

# 09 Statt regem Zugverkehr ein beliebter Radlertreff

**Affi kennt man** als Autobahnausfahrt und Shopping-Eldorado. Kaum jemand kennt den Ortskern mit den Villen und dem alten Bahnhof. Es gibt auch unter den Einheimischen nur wenige, die sich an die Zeit erinnern, als Affi ein wichtiger Eisenbahn-Knotenpunkt war. Denn am 31. Dezember 1956 wurde der Bahnbetrieb eingestellt, weil Autobusse wirtschaftlicher waren. Eröffnet wurde die Bahnlinie Verona–Caprino 1883. 1904 kam die Bahnlinie Affi–Garda–Bardolino hinzu und Affi wurde ein wichtiger Knotenpunkt. Das imposante Bahnhofsgebäude lässt erahnen, wie bedeutend diese Station einst war. Heute beherbergt es den Bici-Grill – einen beliebten Radlertreff. Zur Erinnerung steht eine Dampflok auf dem Gelände.

Alter Bahnhof in Affi · 37010 Affi · an der Strada Provenciale

Carlo Gobetti lädt zu einer Verkostung ein und die ist etwas ganz Besonderes.
Eine alte Dampflok erinnert in Affi an den lebhaften Zugverkehr einstiger Zeit.

Ein bisschen Mut braucht man schon bei den Canyoning-Touren.

# Abenteuer und Spaß für die ganze Familie

*Action pur, zwischen gewaltigen Felswänden und hohen Wasserfällen, natürlichen Wasserrutschen und steilen Schluchten oder durch Bergwasser wandern in einer einzigartigen Naturkulisse. Das alles und vieles mehr bieten Canyoning-Touren. Ein unvergessliches Vergnügen für Eltern und Kinder.*

**Es gibt am Gardasee mehrere Möglichkeiten,** dieses feuchtfröhliche Wasserabenteuer mit erfahrenen Führern zu erleben. Eines davon ist das Canyoning-Center nahe Affi, in der Località Caorsa bei der Trattoria Cà Orsa, wo man sich nach dem sportlichen Wasserspaß gleich mit typischen Schmankerln der Region stärken kann.

Bevor es ins erfrischende Nass und die wilde Naturlandschaft geht, wird alles noch mal durchgecheckt. Was muss man mitbringen? Gute Laune, eine normale körperliche Verfassung, Badebekleidung, ein Handtuch und Trekking- oder Turnschuhe, die nass werden dürfen. Dann geht's rein in die Neoprenanzüge, Helme auf und gut auf die Canyoning-Führer hören. Es gibt Touren mit unterschiedlichsten Schwierigkeitsgraden, man sollte also nicht gleich mit der Extremtour im Vajo dell' Orsa anfangen. Dieses Canyoning-Highlight am Lago di Garda zählt zu den spannendsten Touren in Mitteleuropa und ist der Haus-Canyon des

▶ **Gut essen nach der Tour:** Cà Orsa, Loc. Caorsa 10, 37010 Affi, Tel. 045/723 50 39, www.caorsa.it und Locanda Moscal, Via Pigna 1, 37010 Affi, Tel. 045/626 03 09, www.moscal.it

Centers in Caorsa. Man startet am besten mit einer Einsteigertour, bei der man durch frisches Bergwasser wandert, in kleine Pools springt oder versucht, sich in einem Wasserfall abzuseilen. Aufregend genug beim ersten Mal, aber bereits für Kinder ab acht Jahren möglich. Wer dennoch Angst bekommt, keine Sorge, denn Rutschen und Sprünge machen nur diejenigen, die sich trauen. Ein nicht zu unterschätzender Nebeneffekt ist neben der sportlichen Aktivität die wunderbare Chance, die noch unberührte Landschaft im Hinterland des Gardasees kennenzulernen.

**Outdoorplanet** · Canyoning-Touren Gardasee · Base-Meeting Point Affi · Loc. Caorsa 10
37010 Affi · Tel. 339/530 11 38 · www.outdoorplanet.net

# 11 Wineshop Zeni – *gentilezza in purezza*

*Wein einkaufen macht Spaß, vor allem wenn man unterschiedliche Weine rund um den Gardasee in Ruhe verkosten kann. Wird man zudem unaufdringlich und charmant von netten Damen beraten – in deutscher Sprache versteht sich –, ist das Vergnügen perfekt und ein verregneter Urlaubstag wird zum Vergnügen.*

**Längst kein Geheimtipp mehr,** dennoch sind das Weingut Zeni, das Weinmuseum und der dazugehörende Verkaufsladen einen Besuch wert. Familie Zeni ist seit dem 18. Jahrhundert fest mit dem reizenden Ort Bardolino verbunden. Das Weingut, das heute in der Via Costabella über Bardolino liegt, befand sich früher im Herzen des Dorfes. Gaetano Zeni, der Vater von Fausto, Federica und Helena, legte in vorausahnender Weitsicht die Grundsteine für den Erfolg der Cantina Zeni. Der beliebte Winzer starb leider viel zu früh, hinterließ aber seinen Kindern nicht nur einen perfekten Betrieb, sondern auch die Leidenschaft für die Weinkultur und die offene, herzliche Art, mit Menschen umzugehen.

▶ **Anfang Oktober dreht sich in Bardolino traditionell fünf Tage lang alles um den Rotwein gleichen Namens. Mehr Info über die »Festa dell'Uva e del Vino« unter www.bardolinotop.it**

Diese Freundlichkeit und Geduld mit den Besuchern ist ein Grund, weshalb der große Parkplatz vor dem Weingut stets stark frequentiert ist. Aber natürlich sind es auch die feinen Weine, die Touristen in den etwas altmodischen Shop locken, und nicht zuletzt das Preis-Leistungs-Verhältnis. Wer mehr erfahren will über die mühevolle Arbeit des Weinbaus, macht einen Bummel durch das Weinmuseum oder fragt eine der freundlichen Damen am Tresen, ob man einen Blick in den neu erbauten Barrique-Keller werfen darf. Kleine Gruppen können dort auch eine geführte Verkostung buchen! An heißen Sommertagen ein angenehm kühler und wunderschöner Platz, um die Aromen von Bardolino, Chiaretto, Custoza, Lugana, Amarone und Co. in Ruhe zu erkunden.

**Cantina Zeni e Museo del Vino** · Via Costabella 9 · 37011 Bardolino · Tel. 045/721 00 22
www.zeni.it

Federica Zeni (li.) und ihr freundliches und kompetentes Team vom Wineshop

# Bardolino – Weindorf mit sehenswerten Kirchen

*Bardolino, der pittoreske Ort auf der Ostseite des Gardasees, ist bekannt für seinen frischen, fruchtigen Rotwein gleichen Namens. Wenige wissen jedoch, dass es in dem beliebten Touristendorf mit seinen 7000 Einwohnern elf Kirchen gibt. Einige sind absolut einzigartig und lohnen einen Besuch.*

**Die romanische Kirche San Severo** liegt auf der linken Seite der Gardesana in Bardolino, wenn man Richtung Garda fährt. Der hoch in den Himmel ragende Turm aus Naturstein ist kaum zu übersehen. Parkt man gegenüber, führt eine Fußgängerunterführung in die Altstadt. Die Kirche basiert auf einer dreischiffigen Basilika mit kleinen, rundbogigen Fenstern, wobei das nördliche Kirchenschiff aus dem 12. Jahrhundert etwas breiter ist als das südliche, das Anfang des 11. Jahrhunderts errichtet wurde. Im Inneren erkennt man unter der Hauptapsis eine langobardische Krypta von einem vorherigen Bauwerk. Besonders beeindruckend sind die, wenn auch bereits ein wenig verblichenen, Freskenmalereien aus der ersten Hälfte des 12. Jahrhunderts.

▶ **Ristorante Giardino delle Esperidi: Wenn man statt Pizza und Tourimenüs fein essen und gute Weine möchte. Via Goffredo Mameli, 1 37011 Bardolino, Tel. 045/621 04 77**

An der Kirche San Zeno läuft man leicht vorbei, denn sie liegt ein wenig versteckt in einem Wohnviertel im *centro storico*. Sie wurde, so wird vermutet, bereits im 8. Jahrhundert erbaut und ist dem heiligen Zenon von Verona (geb. um 371 und ein Heiliger der katolischen und der orthodoxen Kirche) geweiht. Es ist eine der wenigen Kirchen karolingischer Bauart in Norditalien, die nahezu vollständig erhalten ist. Im 17. Jahrhundert hat man lediglich das Äußere ein wenig verändert und Wohnhäuser angebaut. Eine spannende Entdeckung für kunsthistorisch Interessierte, denn das Bauwerk mit sechs mächtigen, aber funktionslosen Säulen dokumentiert eine Rückbesinnung auf die Antike und ist als Karolingische Renaissance in die Geschichte eingegangen.

**Chiesa San Severo** · Via San Severo · 37011 Bardolino
**Chiesa San Zeno** · Corte San Zeno · 37011 Bardolino

# Auf ein Gläschen Wein abseits des Trubels

*Schon von weitem sieht man die majestätischen Villen und die prächtige Kirche von Cavaion, hingekuschelt an den Monte San Michele. Entlang der Straße, die durch das Dorf führt, reihen sich kleine Läden, die vorwiegend von Einheimischen frequentiert werden. Hier ist noch alles echt italienisch.*

**Nur wenige Kilometer abseits des Gardaseeufers** liegt das malerische Dorf Cavaion, das trotz Traumsicht auf den See bislang vom Massentourismus verschont geblieben ist. Der Verkehr in Richtung Lazise und Bardolino führt auf der Umgehungsstraße an Cavaion vorbei. Wer es jedoch gerne beschaulich mag, der biegt ab und fährt hinauf zur Pfarrkirche San Giovanni Battista und genießt die Aussicht. Biegt man auf der Hauptstraße ein Stückchen weiter ab in die Ortsmitte, findet man alles, was man zum Leben braucht: frisches Obst und Gemüse bei Giuseppe, köstliche Brotsorten beim Bäcker Zambiasi, ein Haushaltswarengeschäft, einen pfiffigen Schuster, ein Café für den täglichen Plausch und einen Metzger. In der Mitte des Dorfes, gegenüber dem Rathaus und der Polizei, parkt man am besten vor dem Kiosk des Schusters und geht die gegenüberliegende Straße nach oben. Gleich bei der ersten Kurve ist links das Eingangstor zur Enoteca Corte Torcolo. In einem Gebäude aus dem 14. Jahrhundert hat Silvano Ferronato vor einigen Jahren eine heimelige Osteria eröffnet. Obwohl die Gasträume mit den Natursteinmauern sehr gemütlich sind – der weitläufige, gepflegte Innenhof ist perfekt, um im Frühjahr die ersten und im Spätherbst die letzten warmen Sonnenstrahlen zu genießen. Man sitzt abseits des Trubels und genießt das Glas Wein, das der leidenschaftliche Weinliebhaber Silvano empfiehlt. Beginnt der Magen zu knurren, keine Sorge, es gibt eine nette Auswahl an Salaten, aber auch *carne salada*, Carpaccio, täglich eine andere Pasta, *bistecca* oder feinste Schinken und Salami. Im Sommer finden in der kleinen Arena in der Parkanlage unterhalb der Enoteca Musikveranstaltungen statt.

**Enoteca Corte Torcolo** · Via Vittorio Veneto 1 · 37010 Cavaion Veronese · Tel. 045/723 54 14

Padrone Silvano im bezaubernden Innenhof seiner Enoteca Corte Torcolo in Cavaion

Sie gleichen Bäumen, die knorrigen Enantio-Rebstöcke in der Terradeiforti.

# Knorrige, hundertjährige Reben in der Terradeiforti

*Das Etschtal beginnt hinter Affi und erstreckt sich bis Avio. Es heißt Terradeiforti, weil auf den Anhöhen zahlreiche Burgen und Festungen auf die jahrhundertelange Geschichte hinweisen. Bereits bei den Römern war das Tal ein heiß umkämpfter und stark frequentierter Weg zwischen Mittelmeer und Alpen.*

**Heute wird das Tal** vom Massentourismus weitgehend verschont. Die Autobahn führt in diskreter Entfernung am engen Flusstal, dessen Uferhänge mit Rebstöcken bestückt sind, vorbei. Die Etsch, die sich durch das Tal schlängelt, ist der Hotspot bei Kanu-, Kajak- und Raftingsportlern. Im Oktober findet hier der Kanumarathon-Weltcup statt.

Genussmenschen folgen der Landstraße von Affi Richtung Volargne nach Brentino Belluno, flankiert von kleinen bäuerlichen Winzerbetrieben, die stets offene Türen für Besucher haben. Richtig stolz sind die Winzer auf ihre rote autochthone Rebsorte, den Enantio. Vor tausend Jahren wuchs die Rebe wild in den Wäldern und wurde »Lambrusco mit gezackten Rändern« genannt. Sie überlebte als eine

▶ **Täglich frisch gemachte Tagliatelle gibt es in der Trattoria Croce d'Oro in 37020 Volargne, Via Valentini 55, Tel. 045/773 23 55, www.albergocrocedoro.com.**

der wenigen Rebstöcke die Reblaus-Katastrophe Ende des 19. Jahrhunderts. Man vermutete, dass es an der Widerstandsfähigkeit der wilden Rebe lag. Forschungen haben jedoch ergeben, dass es am Boden liegt. Sobald sich nämlich die Reblaus ins Erdreich begibt, um die Wurzeln zu fressen, zerschneiden die scharfen Kristalle des Sandbodens das Ungeziefer.

Uralte knorrige Rebstöcke, die Bäumen gleichen und bis zu hundert Jahre alt sind, kann man im Familienweingut La Prebenda bestaunen und natürlich auch den Enantio-Wein verkosten. Wie der schmeckt? Kraftvoll, mit intensiven Aromen wilder Waldbeeren und einem Hauch von Tabak und Gewürzen. Ein Powertropfen, der lange am Gaumen bleibt und noch zu vernünftigen Preisen erhältlich ist.

**La Prebenda** · Via Santuario 2 · 37020 Brentino Belluno · www.laprebenda.it · **Roeno di Fugatti** Via Mama 5 · 37020 Brentino Belluno · www.cantinaroeo.com (mit Agriturismo)

# 15 Wallfahrten in schwindel-erregender Höhe

*Fährt man auf der Autobahn zwischen Avio und Affi, sieht man auf der rechten Seite, hingeschmiegt an einen Fels, die Wallfahrtskirche Santuario Madonna della Corona. Auch wenn man nicht so gläubig ist – der Kirchplatz an der steilen Felswand ist spektakulär und die Aussicht aufs Etschtal grandios.*

**Zwei Wege führen hinauf zur Madonna della Corona.** Von Spiazzi aus, 20 Kilometer von der Autobahnausfahrt Affi entfernt, ist die Wallfahrt ohne größere Anstrengung zu bewältigen. Am Ortsausgang von Spiazzi, auf der Piazza Giovanni Paolo II (Hotel Stella Alpina), führt ein etwa ein Kilometer langer Weg entlang eines sehenswerten Kreuzweges zum Gotteshaus. Auf den fünfzehn Stationen werden mit mannshohen Bronzestatuen die Szenen dargestellt. Beachtenswert nicht nur aus religiöser, sondern auch aus künstlerischer Sicht. Wer nicht gut zu Fuß ist, nimmt den Pendelbus, der die Pilger in halbstündigen Zeitabständen zur Kirche am Fels bringt. Anstrengender ist die Wallfahrt von Brentino aus. Man parkt das Auto nahe des Weinguts Prebenda (man kann sich ja anschließend mit einer Weinprobe belohnen) und gelangt von hier – über den stets steil bergauf führenden Pilgerweg – zur Basilika. 600 Höhenmeter müssen überwunden werden, um das Ziel, die auf 773 Metern, auf einer Art Felsbalkon thronende Wallfahrtskirche, zu erreichen.

Erstmals erwähnt wurde die Kirche 1193, damals war es eine Einsiedelei des Benediktinerklosters San Zeno in Verona. Anfang des 15. Jahrhunderts begann der Malteserorden das verwahrloste Kirchlein wieder aufzubauen. Nachdem 1810 Napoleon diesen Orden aufgelöst hatte, kam es erneut zu einem Verfall. 1975–1979 wurde die Felsenkirche vollständig renoviert. Stolz sind die Einheimischen, dass Papst Johannes Paul II. Madonna della Corona 1988 auf seiner apostolischen Pilgerreise besuchte. Beeindruckend sind vor allem die vielen Bildhauerwerke, größtenteils aus weißem Carrara-Marmor, von Ugo Zannoni aus Verona geschaffen.

**Santuario Madonna della Corona** · Loc. Santuario · Fraz. Spiazzi
Nov.–März 8–18, April–Okt. 7–19.30 Uhr · 37020 Ferrara di Monte Baldo
www.madonnadellacorona.it

Von der Wallfahrtskirche Madonna della Corona hat man einem Traumblick auf das Etschtal.

# 16

# Giardino dei Sogni im lieblichen Caprinotal

*Am Fuße des Monte Baldo – eingebettet in Olivenhaine und Weinberge – liegt das geschäftige, hübsche Städtchen Caprino Veronese. Ganz in der Nähe, in der Località Platano, gibt es seit Mai 2014 eine grüne Oase mit gepflegten Wegen, einem kleinen See und sehenswerten, seltenen Bäumen.*

**Der Giardiono dei Sogni – der »Garten der Träume«** verführt tatsächlich zum Träumen. Inmitten einer ohnehin unverfälschten Natur am Fuße des Monte Baldo wurde dieser Park, der sich auf 25 000 Quadratmeter erstreckt, errichtet. Die Idee dafür stammt von Signor Merzi, dem Besitzer der Azienda Agricola Oasi Verdi, der in Zusammenarbeit mit der gemeinnützigen Organisation Casa dei Sogni dieses Naturprojekt verwirklicht hat. Ziel war und ist es, den Menschen die Natur näherzubringen. Den Besucher erwarten einladende botanische Lehrpfade, kleine Seen mit Quellwasser,

Der Garten der Träume im Caprinotal ist eine Oase der Stille mit Lerneffekt.

Ruheplätze, eine Baumschule, wo unterschiedlichste Pflanzen gezogen werden, eine Villa, in der diverse Kurse abgehalten werden und natürlich eine Oase der Stille. Die Gründer dieses Naturparks verstehen sich in erster Linie als einfache Wächter der Natur, die sie lieben und erhalten wollen.

Alle Wege sind absolut behindertengerecht gestaltet, damit auch wirklich jeder die Möglichkeit hat, diese Naturpracht zu bestaunen und zu verinnerlichen. Dieses Miteinander mit behinderten Menschen ist für den Besitzer, Benito Merzi, und die Organisation Casa dei Sogni ein zentrales Thema. Absolut empfehlenswert ist dieser schöne Naturpark aber auch für Kinder, denn sie dürfen die Pflanzen auch berühren und an ihnen schnuppern, um so auf spielerische Weise die beeindruckende Welt der Botanik kennenzulernen.

Auf dem Weg zu diesem herrlichen botanischen Garten sollte man im Ortsteil Pazzon nicht versäumen, die größte Platane Italiens zu bestaunen. Der schätzungsweise 600 Jahre alte Baum ist 25 Meter hoch und hat einen Umfang von ca. 15 Metern. Der grüne Riese ist ein nationales Pflanzenmonument.

**Il Giardino dei Sogni** · Via San Martino · 37013 Platano · Caprino Veronese
nahe der Villa Santa Maria di Onè · **Riesenplatane** · 37013 Platano · Pazzon

# 17 Monte Baldo – der Garten Europas

*Wenn Mitte Juni die blühenden »maggiociondolo« (Goldregen) den Monte Baldo bei Novezzina in ein sattes, goldgelbes Meer tauchen, verblasst selbst die Schönheit des Botanischen Gartens. Wenn man zu der Zeit am Gardasee weilt, sollte man sich dieses Naturspektakel nicht entgehen lassen.*

**Den L'Orto Botanico in Novezzina** sollten sich aber Naturfreunde dennoch keinesfalls entgehen lassen. Praktischerweise kann man mit dem Auto hinauffahren – auf 1232 Meter Höhe –, um dann lediglich ein paar Schritte zu diesem außergewöhnlichen Pflanzenparadies zurückzulegen. Aber welcher Naturliebhaber will das schon? Schnüren Sie also den Rucksack und starten von Ferrara hinauf auf den Monte Baldo, wo nachweislich die größte Pflanzenvielfalt Europas gedeiht, und das nicht nur im 1989 eröffneten Botanischen Garten. Man könnte sagen, der Weg ist das Ziel, denn ein bezaubernder Wanderweg, gesäumt von saftigen Wiesen und blühenden Sträuchern, mit herrlichen Panoramaaussichten, führt hinauf zum Monte Baldo. Aus jeder Felsritze wachsen farbenprächtige Blumen. All diese, auf dem Berg wildwachsenden, heimischen Blumen und Kräuter wurden für den Botanischen Garten zusammengetragen und in der naturbelassenen Umgebung wieder angepflanzt.

▶ **Selbst gemachten Bergkäse und Butter gibt es auf der Malga Il Castello, zwischen Ferrara und dem Botanischen Garten, Tel. 045/624 70 30.**

So hat man inmitten der fantastischen Bergwelt die Möglichkeit, über 700 unterschiedliche Pflanzen auf einer Fläche von 20 000 Quadratmetern zu betrachten. In der La Bottega dello Speziale gibt es vieles, was hier oben wächst und gedeiht, als Tee, Tinktur oder leckeren Brotaufstrich zu kaufen.

Wer weiterwandern möchte: Ein Weg führt zum Bocca di Navene auf 1430 Metern mit Traumsicht auf den Gardasee. Ist man im Frühsommer unterwegs, begeistern die blühenden Goldregensträucher und wenn man sich ruhig verhält, kann man Murmeltiere und Steinböcke beobachten.

**Orto Botanico del Monte Baldo** · Via Generale Graziani 10 · 37020 Ferrara di Monte Baldo Mai–Sept. 9–18 Uhr · Eintritt 3 € · Tel. 045/624 72 88 · www.ortobotanicomontebaldo.org

Die größte Pflanzenvielfalt Europas fasziniert auf dem Monte Baldo Naturfreunde.

Die Bar im Luxushotel Villa Cordevigo lädt zum Verweilen ein, genauso wie die herrlich renovierten Schlafzimmer.

# Villa Cordevigo – Spitzen-hotel mit Geschichte

*Einladend und faszinierend - die von Zypressen gesäumte Zufahrt zur Villa Cordevigo! Wer gediegen und luxuriös Urlaub machen möchte, ist hier richtig. Ebenso, wer eine raffinierte Sterneküche schätzt. Weniger Beachtung schenkte man bislang der ursprünglichen heimischen Küche, aber das soll sich ändern …*

**Wie macht man eine *pasta fresca*** oder ein perfektes Risotto? Die hübsche Küche des ehemaligen Landhauses wäre bestens geeignet, um dort die hohe Kunst der italienischen Küche zu erlernen. Giuseppe d'Aquino, der seit 2013 mit einem Stern gekrönte Küchenchef, hat ebenfalls Gefallen an der Küche gefunden und plant, ab 2015 dort Hobbyköchen und -köchinnen die heimische Küche näherzubringen. Das urtümliche Ambiente, nicht nur der Küche, auch des anschließenden Speisezimmers mit dem schönen Gewölbe, sind der perfekte Rahmen für genussvolle Stunden.

Die Geschichte der herrlich gelegenen Villa mit dem großartigen Park und dem prächtigen Innenhof ist abwechslungsreich. Man schrieb das Jahr 1535, als die einflussreiche Familie Pignolati den Gutshof mit Ställen und Lagerräumen erbaute. Das heutige Aussehen der Villa ist der Familie Lombardi zu verdanken, die im 17. Jahrhundert das Anwesen erwarb. Es folgten zwei weitere, stets adelige Familien, bis schließlich 2002 die Familien Cristoforetti und Delibori, Besitzer des Weinguts Villabella, die baufälligen Gebäude der ehemals noblen Villa Cordevigo übernahmen. Mit viel Sinn für Tradition und viel Liebe für das Schöne verwandelten sie die Villa in ein prachtvolles Luxushotel und Wine-Relais. Seit 2012 lockt die Villa Gäste aus aller Welt an, die die himmlische Ruhe abseits des Touristentrubels schätzen. Auch wenn man nicht im Hotel wohnt, bei einem Drink in der Bar Fiordilej fühlt man sich in eine längst vergangene Zeit versetzt. Auf der schönen Terrasse oder im noblen Speisesaal kann man die köstliche mediterrane Küche von Giuseppe d'Aquino genießen und bei einem guten Glas Wein des hauseigenen Weinguts den Alltag vergessen.

**Villa Cordevigo, Wine Relais***** u. Restaurant Oseleta** · Loc. Cordevigo · 37010 Cavaion Tel. 045/723 52 87 · www.villacordevigo.com, www.ristoranteoseleta.it

# 19

## Früher Zollstation, heute Top-Eventlocation

*Cangrande della Scala ließ dieses architektonisch einzigartige Bauwerk am alten Hafen von Lazise im 13. Jahrhundert erbauen. Einst gedacht für seine Schiffe, später, während der Zeit der Serenissima Repubblica di Venezia, war es eine wichtige Zollstation – und heute? Eine super Location für anspruchsvolle Events.*

**Die Geschichte der Dogana Veneta ist lang und sehr bewegt,** ans Festefeiern dachte man in der geschichtsträchtigen Vergangenheit allerdings kaum. Wo heute das Tanzbein geschwungen wird, Winzer ihre Weine vorstellen oder Konzerte stattfinden, war anno dazumal eine Lagerhalle über dem Wasser. Denn während der Serenissima war Lazise ein wichtiger Handelsumschlagplatz. Mit Schiffen wurden die Waren über den Gardasee in die zum See hin offene Dogana Veneta gebracht. Nachdem die Zollgebühren entrichtet waren, transportierte man alles auf dem Landweg weiter in die umliegenden Regionen.

▶ **Gleich nebenan liegt das Restaurant Doana, hier kann man gut essen oder eine traumhafte Hochzeit feiern, Tel. 045/242 93 14.**

Später produzierte man hier Salpeter und nutzte das Gebäude als Lager für Getreide. Den Faschisten (1922–1943) bot die Dogana eine Plattform für ihre großen Auftritte.

2003 entschloss sich Lazise schließlich dazu, das historische Gebäude zu renovieren. Weil alles so originalgetreu wie möglich rekonstruiert wurde, dauerte der Umbau drei Jahre. Heute ist die Dogana ein echter Hingucker am alten Hafen.

Eine private Firma hat den Auftrag erhalten, sich um die Auslastung der Dogana Veneta zu kümmern. Seit 2009 dient der Komplex als Location für Firmenpräsentationen, Weinevents, Modenschauen und Kunstausstellungen. Optimal ist die Location auch für Hochzeiten, nicht zuletzt, weil die schlichte romanische Kirche San Nicolò aus dem 12. Jahrhundert nur wenige Schritte entfernt liegt.

---

**Dogana Veneta** · Piazzetta A. Partenio 13 · 37017 Lazise · Tel. 348/863 96 08
www.doganaveneta.it

Die Dogana Veneta ist eine beliebte Eventlocation am alten Hafen von Lazise.

Giulia, die charmante Königin der Düfte in Peschiera, zeigt ihre edlen Flakons und berät geduldig und mit großer Fachkenntnis.

# Faszinierende Düfte auf der Tourimeile

*Peschiera ist ein hübscher Ort und wichtiger Verkehrsknotenpunkt, Parkplätze sind allerdings Mangelware. Ein Tipp: Gegenüber dem Parkplatz am See abbiegen und entlang der Burgmauer bis zur alten Kaserne zum großen Parkplatz fahren. Von hier ist es ein Katzensprung in die betörende Welt der Düfte.*

**Hat man ein feines Näschen,** ist es einfach, Parfum Idéal zu finden. Es ist der erste Laden in der Via Rocca und Vorbeigehen wäre ein Versäumnis. Alleine das Ambiente, das Giulia, die sympathische Besitzerin, geschaffen hat, ist sehenswert. Betörend aber sind die unaufdringlichen, anheimelnden Düfte. Das Geheimnis dieser Wohlfühldüfte sind die natürlichen Aromen, aus denen sie hergestellt werden. Die unterschiedlichsten Blüten, Gewürze oder Tabake werden drei bis sechs Monate nicht in Alkohol, sondern in hochwertigen Ölen eingeweicht. »Aus einem Liter dieser Essenz können lediglich vier Parfümfläschchen (100 ml) abgefüllt werden«, erklärt Gulia mit leuchtenden Augen. Man sieht ihr die Begeisterung für diese hochwertigen Produkte an.

Dabei fing alles ganz profan an: Giulia arbeitete in der Post in Verona und um dieses eintönige Arbeitsleben ein wenig aufzupeppen, half sie, wann immer es ihre Zeit erlaubte, im Beauty-Shop ihrer Freundin Carlotta. La Signora Carlotta war die erste, die sich in den 1980er-Jahren auf Parfüm mit natürlichen Aromen spezialisierte. Giulia fand so viel Gefallen an dieser Arbeit, dass sie bei der Post kündigte und sich fortan edlen Düften und erlesener Kosmetik widmete. Am 13. Februar 2013 (ihrem Geburtstag) eröffnete sie ihren eigenen, ansprechenden Laden in Peschiera. Neben einer Vielzahl natürlicher Düfte und hochwertiger Kosmetik findet man hier auch die weltweit meistverkaufte Creme »Formula 3.9«, die Erno Laszlo für Marilyn Monroe entwickelt hat. Aber auch das noble Parfüm »Blu Sapphire«, das Boadicea the Victorious für Königin Elisabeth von England und Prinz Philipp kreierte, und vieles mehr …

**Parfum Idéal** · Via Rocca 23 · 37019 Peschiera · 10–12.30 u. 15.30–19.30 Uhr, Mi Ruhetag
Tel. 045/222 33 32 · www.parfumideal.it

# 21 Fischereimuseum, Lugana-Wein und die Carabinieri

*Hat man erst mal das Wirrwarr an Straßen und den Stau rund um die Autobahnausfahrt Peschiera hinter sich und überquert die Brücke – Ponte Verona – über den Mincio in Richtung Altstadt, sieht man links der Straße die alten österreichischen Kasernen. Was versteckt sich heute dahinter?*

**Bollwerke, dicke Stadtmauern, Tore und Wassergräben** erinnern an die kriegerische Vergangenheit des reizenden Gardasee-Städtchens Peschiera. Das südöstliche Ende des Gardasees, dort, wo der Fluss Mincio den See verlässt, um später in den Po zu münden, war seit jeher strategisch wichtig. Die Scaliger gründeten auf römischen Fundamenten ihre Ansiedlung und schützten sie durch dicke Mauern und zahlreiche Wehrtürme vor feindlichen Angriffen. Im 16. Jahrhundert waren es die Venezianer und später die Habsburger, die das Stadtbild noch heute nachhaltig prägen. Besonders beeindruckend ist die imposante Porta Verona aus dem 16. Jahrhundert, das zentrale Tor, durch das man mit dem Auto ins Zentrum gelangt. Auf der linken Seite, gleich nachdem man das Tor passiert hat, wurden die alten Habsburger Kasernen wieder zu neuem Leben erweckt. Viele Verbände haben hier ihre Büroräume, unter anderem auch das Consorzio Tutela Lugana, der Weinbauverband Lugana. Hier erhält man Adressen von allen Lugana-Winzern, die im Hinterland von Peschiera angesiedelt sind und eine Übersichtskarte über die Weinregion. Wie gut, dass man hier keine Weine verkosten kann, denn gleich nebenan befindet sich der Sitz der Carabinieri.

Ein Durchgang führt auf die andere Seite der ehemaligen österreichischen Kaserne zum Museo della Pesca, dem Fischereimuseum. Im Sala Radetzky gibt es neben alten Fischerbooten, historischen Werkzeugen und Angelausrüstungen vor allem zahlreiche Informationen über die Geschichte und die Tradition des Fischfangs am Gardasee zu sehen. Leider ist das reizende Museum nur am Wochenende und an Feiertagen geöffnet.

**Museo della Pesca u. Consorzio Tutela Lugana** · Caserma d'Artiglieria di Porto Verona
37019 Peschiera del Garda · Sa, So 10–12.30 u. 16–18.30 Uhr · www.amicidelgondolin.it,
www.consorziolugana.it

Früher lebten die Menschen am Gardasee vorwiegend vom Fischfang. Einen Einblick in diese Zeit vermittelt das Fischereimuseum in Peschiera.

Guido Remelli, der geschätzte »pastificio«, ordnet seine köstlichen Nudelkunstwerke.

# Valeggio und die verführerischen *nodo d'amore*

*Alleine die hauchzarten kleinen Nudelgebilde »nodo d'amore«, Liebesknoten genannt, sind einen Ausflug nach Valeggio sul Mincio wert. Aber das Städtchen am Mincio mit der beeindruckenden Scaliger-Viscontiburg und dem liebreizenden Mühlendorf Borghetto bietet noch viel mehr.*

**Valeggio ist ein reizendes Städtchen,** eingebettet in ein sanftes Hügelgebiet mit einer abwechslungsreichen Flora und Fauna und einem quirligen Stadtleben abseits der ausgetretenen Touristenpfade. In allen Ristoranti und Trattorien stehen die täglich frisch zubereiteten, von flinken Frauenhänden geformten Tortellini auf der Speisekarte, die entweder in Brühe oder geschwenkt in Salbeibutter aufgetischt werden. Der traditionelle Höhepunkt dieser köstlichen Tortellinitradition ist Jahr für Jahr am dritten Dienstag im Juni die berühmte »Festa del Nodo d'Amore«, die auf der 615 Meter langen Visconteo-Brücke 2015 zum 22. Mal stattfindet. An einer langen Tafel genießen 4000 genuss- und feierfreudige Einheimische und Gäste die fantastischen Tortellini mit den Custoza- und Bardolino-Weinen der umliegenden Winzer, um dann um 23 Uhr ein grandioses Feuerwerk über der Burg mit begeisternder Musikuntermalung zu erleben

Es ist aber längst nicht das einzige Fest! Die Bewohner von Valeggio feiern das ganze Jahr hindurch kleinere und größere Feste und organisieren interessante Märkte und kulturelle Veranstaltungen. Berühmt ist der – an jedem vierten Sonntag im Monat stattfindende – Antiquitäten-Flohmarkt und das absolute Erlebnis ist »Valeggio Veste il Vintage«, eine Reise zurück in die 50er- bis 70er-Jahre. Alles, was diese Zeit prägte – angefangen von der Kleidung, über Hüte, Schmuck, Jukebox, Filme und vieles mehr –, wird auf den Plätzen und in den Gassen der reizenden Kleinstadt gezeigt. Ein Open-Air-Happening, das zweimal im Jahr – im Frühling und im Herbst – Besucher aus ganz Italien und natürlich Touristen aus aller Welt anlockt.

Kultstatus hat das **Restaurant Alla Borsa** · Via Goito 2 · 37067 Valeggio s. Mincio · Tel. 045/795 00 93 · und wer Tortellini mitnehmen möchte, geht zu **Pastificio Remelli** · Via A. Sala 30

# Superschöner Durchblick und edler Schmuck

*Fast würde man vorbeilaufen am Optikergeschäft, wären da nicht extravagante Brillen im Schaufenster, die Frauen wie Männer gleichermaßen zum Stehenbleiben verführen. Magisch angezogen öffnet man die Tür und ist erst einmal erstaunt über das schicke, moderne Ambiente in den alten Gemäuern.*

**Magda, die Grande Dame der Designerbrillen,** ist in Mailand geboren und aufgewachsen. Ihre Eltern kamen aus der Modebranche, daher galt ihre Leidenschaft von Kindesbeinen an den schönen Dingen des Lebens. Als sie Giovanni Martinelli kennenlernte und heiratete, änderte sich einiges in Magdas Leben. Dem diplomierten Optiker zuliebe, der sein Examen als erster Italiener in Boston gemacht hatte, zog sie nach Valeggio sul Mincio, da es in dem kleinen Städtchen ideale Bedingungen für Optiker gab. Die wissbegierige Magda wollte aber nicht nur Brillen verkaufen, deshalb machte sie eine Optikerausbildung. 1992 eröffneten Giovanni aus Bari und Magda aus Milano den Laden in der Via S. Rocco in Valeggio. Für Giovanni war rasch klar, dass alleine seine Frau für die Auswahl der Brillengestelle zuständig sein würde: »Man kann es drehen wie man will«, sagt Magda mit einem Augenzwinkern, »aber Frauen haben einfach einen treffsichereren Geschmack.« Sie fährt auf viele internationale Messen, um die angesagtesten Brillengestelle für ihre Kunden, die von weit her nach Valeggio kommen, zu besorgen. Sie ist auch eine Meisterin der ehrlichen und fachkundigen Beratung.

Da ihr Mode und Design in die Wiege gelegt wurden, reichten Brillengestelle der quirligen Signora nicht. Deshalb begann sie, Schmuck aus Perlen, Saphiren, Rubinen, Korallen, Opalen und vielen anderen Steinen zu designen und fertigt die Schmuckstücke teils sogar selbst. Es sind immer Unikate! Wer zu einem besonders schönen Kleid den passenden Halsschmuck auf einem vernünftigen Preisniveau sucht: Ecco! 1999 erweiterte Magda den Brillenladen um eine *gioielleria*, eine Schmuckecke.

Ottica Martinelli e Le Gioie di Magda · Via San Rocco 39 · 37067 Valeggio s. Mincio
Tel. 045/795 02 67 · www.legioiedimagda.com

Im Optikerladen Martelli in Valeggio findet man die schicksten Brillen.

Im Maison Resola im Mühlendorf Boghetto kann man stilvoll übernachten.

# Blick auf die Ponte und ein Hauch Provence

*Zwei Freunde, ein Gedanke! Den hatten Giovanni und Agostino, als das ziemlich heruntergekommene Haus aus dem 17. Jahrhundert im romantischen Borghetto zum Kauf stand. Obwohl beide völlig unterschiedlichen Arbeiten nachgehen, ihr gemeinsamer Traum war: ein eigenes kleines Boutique-Hotel.*

**»Maison Resola« heißt die Verwirklichung des Traums** von Giovanni und Agostino und es wurde im Frühjahr 2014 eröffnet. »Maison« ist eine Hommage an Frankreich, wo sich die beiden Freunde und ihre Frauen Roberta und Rita immer sehr wohlfühlen. »Resola« ist ein Wort aus dem 14. Jahrhundert, bedeutet »enges Eck« und beschreibt exakt die Lage des Nobel-B&B in Borghetto. Wie glücklich und stolz die zwei Paare über ihr gemeinsames Projekt sind, steht ihnen ins Gesicht geschrieben. Sitzt man am großen Esstisch, an dem bei schlechtem Wetter das umfangreiche Frühstück gereicht wird, spürt man ein behagliches Wohlgefühl. Noch unvergesslicher wird das morgendliche Essvergnügen auf der Terrasse im ersten Stock mit einem fantastischen Blick auf die Ponte Visconteo. Wer möchte, kann sich auch für einen romantischen Abend ein feines Mahl auf dieser Terrasse servieren lassen. Es muss nur rechtzeitig vorbestellt werden, da es von guten Restaurants in Valeggio geliefert wird. Ein dazu passendes, gutes Fläschchen Wein liegt aber bei Giovanni und Agostino immer richtig temperiert im Weinkühlschrank bereit. »Man kann sich, sieht man nun die geschmackvollen Zimmer und Suiten, nicht vorstellen, wie das hier 2012, als wir das Anwesen gekauft haben, ausgesehen hat«, erzählt Giovanni und Agostino ergänzt: »Als erstes wurde das verputze Mauerwerk freigelegt, um den Urzustand wiederherzustellen. Alle verwendeten Steine und Hölzer kommen aus der Umgebung.« Bei der Gestaltung der Bäder und des Spa war jedoch modernste Technik angesagt und für das Wohlfühlambiente ließen die Herren ihren Ehefrauen freie Hand. Diese verliehen dem antiken Haus einen luftigen, provenzalischen Touch.

**Maison Resola** · Via Tiepolo 7 · 37067 Borghetto di Valeggio sul Mincio
Tel. 045/795 09 70 · www.maisonresola.com

# 25

## Deko, Fresken oder moderne Malerei? Lara kann's!

*Lara Maccacheri ist in Valeggio und entlang des Gardasees sehr präsent, obwohl sie persönlich kaum jemand kennt. Es sind ihre Fresken – mal restauriert, mal neu gestaltet –, ihre geschmackvollen Außenmalereien, modernen Gemälde und geschmackvollen Dekorationen, denen man allerorts begegnet.*

**»Imago Decorazioni« heißt ihr kleines Atelier** in Valeggio, wo Lara inmitten von Weinbergen ihre Kunst verwirklicht und mit ihrem Mann und ihren zwei Söhnen lebt. Schon als Kind zeichnete sie voller Begeisterung und gewann bereits mit acht Jahren bei einem Malwettbewerb in Verona den ersten Preis. Schon während der Schulzeit gab es nur ein Ziel: Kunst zu studieren, was sie an der Universität DAMS und später an der Akademie für schöne Künste in Bologna auch tat. Es folgten Auslandsstudien in England und Spanien, um ihre Kenntnisse zu festigen und zu bereichern. Obwohl ihr London gut gefiel, verbrachte sie diese Zeit vorwiegend mit spanischen Kollegen, was zur Folge hatte, dass der Zweiteffekt, die englische Sprache zu erlernen, zu kurz kam. Lara ist ein Tausendsassa der Kunst, alles Schöne fasziniert sie und sie setzt es in ihren Werken um. Obwohl sie, wenn ihre Kinder endlich schlafen, eigentlich todmüde ist – die meisten Ideen für ihre Motive entstehen nachts. Fragt man sie, welche ihrer vielseitigen Arbeiten ihr am meisten am Herzen liegen, kommt rasch: »Derzeit fasziniert es mich, neue Fresken nach alten Motiven zu malen, aber zugegeben, auch meine Schwarz-weiß-Gemälde mag ich sehr.« Kurzum, Lara ist eine ganz besondere Künstlerin und in ihren Werken, seien es moderne oder klassische Gemälde, aparte Dekorationsmalereien, Restaurationen oder neue Fresken in alten Villen, spürt man ihr kreatives Händchen und ihre Leidenschaft. Einen Vorgeschmack kann man sich auf dem Mercato dell'Antiquariato in der Altstadt von Valeggio (jeden vierten Sonntag im Monat) holen. Die sympathische Lara zeigt eine Auswahl ihrer Bilder, unterstützt von ihrem Mann Giuseppe, der englisch und deutsch spricht.

**Imago Decorazioni di Lara Maccacheri** · Via Martiri delle Foibe 165 · 37067 Valeggio s. Mincio
Tel. 045/795 05 89, Mobil 340/616 91 78 · www.imagodec.it

Lara, die Allroundkünstlerin und Freskenmalerin, in ihrem Atelier in Valeggio

Sembeni fertigt Damenschuhe in jeder Farbe in seiner Werkstatt hinter dem Laden an.

# Schicke Schuhe in jeder Wunschfarbe

*Das gibt es im kleinen, unscheinbaren Ort Sandra und in dem noch unscheinbareren Schuhladen der Familie Sembeni. Hinter dem versteckt liegenden Schaufenster, das an die 70er-Jahre erinnert, liegt die Werkstatt, in der (fast) alle Schuhwünsche von »La Signora« erfüllt werden.*

**Damenschuhe nach Maß und in der gewünschten Farbe,** das war schon für den Großvater von Dante und Alberto Sembini eine Herausforderung. 1956 begeisterte er auf der Handwerksmesse in München die Besucher mit seinen perfekt passenden Maßschuhen, ausschließlich für zarte Damenfüße. Viele deutsche Magazine schrieben damals über den Schuhmacher aus Verona. Am guten Sitz der Schuhe hat sich bis heute nichts geändert, lediglich die Farbvielfalt des Leders ist bunter geworden.

Hat man den Laden erst mal gefunden, und das ist nicht so leicht, denn es gibt zwar ein Schaufenster, aber kein Namensschild oder einen Hinweis auf einen Schuhladen. »Ach, das brauchen wir nicht«, erklärt Alberto Sembeni und ergänzt: »Einheimische und Schuhfans kennen uns, und außerdem haben wir ohnehin genug Arbeit …«

Für jede Saison entwerfen die Sembinis neue Modelle, die man sich dann im Laden ansehen und probieren kann. Der Schuh passt, der Stil gefällt, aber man hätte ihn gern in quietschgelb, königsblau, tomatenrot oder zartrosa. Schon kommt Signor Sembini mit einer enormen Auswahl an Lederflecken in den unterschiedlichsten Farben und Narbungen. Ja, dann braucht man nur noch ein wenig Geduld, bis die ganz individuellen Schuhe fertig sind. Fehlt noch eine farblich passende Tasche? Auch kein Problem, denn auch die wird nach den eigenen Vorstellungen angefertigt.

Bei Sembini werden Frauen-Schuhträume war – vom hohen Pump bis zum flachen Sportschuh –, allerdings keine orthopädischen Gesundheitsschuhe. Ausschließlich schicke Schuhe für die *bellezza* und das zu wirklich moderaten Preisen!

**Sembini** · Via Garibaldi 37 · 37014 Sandrà · Mo–Fr 9–12 u. 15–19, Sa 9–12 Uhr
Tel. 045/759 50 47 · www.sembeni.it

# 27

# Eis und Käse – frisch von der Kuh

*Der italienischen Krise getrotzt hat Familie Tabarini. Statt zu jammern, erweiterten sie ihren Bauernhof um eine moderne Käserei, eine Gelateria und einen schicken Verkaufsraum, wo sie nun, inmitten der Natur, alles – sozusagen frisch von der Kuh – verkaufen.*

**Kurze Wege sind die Erfolgsgarantie im Corte Vittoria,** denn, bei den Tabarinis liegt der Kuhstall nur wenige Schritte von den *laboratori* (Herstellungsräumen) entfernt. Die frisch gemolkene Milch wird sofort zu feinstem Milchspeiseeis, Joghurt, Ricotta oder Käse verarbeitet.

Massimo Tabarini führt in der dritten Generation den Bauernhof und merkte, dass es für seine drei Söhne nicht leicht sein würde, den landwirtschaftlichen Betrieb trotz Mais- und Weizenfeldern, zwei Hektar Rebfläche und 200 Kühen im Stall gewinnbringend aufrechtzuerhalten. Gemeinsam mit seinen Söhnen, alle drei mit Liebe und Leidenschaft für den elterlichen Bauernhof versehen, beschloss er, viel Geld in eine »Agrigelateria« und eine moderne Käserei zu investieren. Alberto, der Älteste, ging, nachdem er sein Abitur in der Tasche hatte, nach Piemont zu einem erfahrenen Käsermeister, um dort dieses Handwerk zu erlernen. Der zweite Sohn machte eine Ausbildung zum *gelataio* und ist nun für die Herstellung des feinen Eises verantwortlich. Der jüngste Bruder wird nach seiner Ausbildung zum Agronom ebenfalls im elterlichen Betrieb mitarbeiten.

Im Sommer 2014 war die Eröffnung des hellen, freundlichen Verkaufsladens, wo man verschiedenste Eissorten, superfrischen Joghurt, Stracchino und Ricotta sowie die verschiedensten Käsesorten kaufen kann. Da das Custoza-Gebiet kein ausgewiesenes Gebiet für die Käseproduktion ist, heißen die Käse Monte Custoza statt Monte Veronese oder Verde Prato statt Gorgonzola, usw. Sie schmecken köstlich aromatisch und natürlich darf man vor dem Kauf verkosten. Drinnen oder unter schattigen Sonnenschirmen im Garten kann man eine kleine Brotzeit machen oder das frisch zubereitete Eis genießen.

**Corte Vittoria** · Azienda Agricola · Via Valle Molini 20 · Custoza di Sommacampagna · tgl. 9–12 u. 14.30–19, Fr–So bis 23 Uhr, Mo. vorm. geschl. · Tel. 045/51 61 04 · www.cortevittoria.it

In einem modernen Laden auf dem Bauernhof inmitten von Feldern gibt es Eis und Käse.

Luca Formentini ist ein passionierter Verfechter der Rebsorte, die mal Tocai hieß.

# Vor dem Lugana trank man Tocai

*Seit der Lugana zum Modewein avancierte, verlor der ehemalige Hauswein Tocai San Martino della Battaglia nicht nur seinen Namen, sondern viele Winzer auch das Interesse an ihm. Luca Formentini vergaß ihn jedoch nicht und füllte 2003 seinen ersten Tocai in Flaschen ab.*

**Die Selva Capuzza – Weingut, Restaurant und Agriturismo** – liegt umgeben von Weinbergen nur wenige Minuten von Sirmione entfernt. Der Besitzer Luca Formentini erinnert sich gerne an die Zeit, als am Sonntagnachmittag die Bewohner der nächsten Umgebung in das Wirtshaus seiner Eltern kamen um ein paar Gläser Tocai – frisch vom Fass – zu trinken.

▶ **Bei Selva Capuzza kann man gut essen und auch übernachten. Ein weiterer Winzer, der sich diesem Traditionswein widmet, ist Feliciana, www.feliciana.it**

Als er anfing, im Weingut seiner Eltern zu arbeiten, war die goldene Zeit des Tocai San Martino della Battaglia aber bereits vorbei! Trebbiano-di-Lugana-Rebstöcke beherrschten das Bild im Lugana-Gebiet, auch bei Selva Capuzza. Luca aber hat den Wein seiner Kindheit nicht vergessen. Auf zweieinhalb Hektar Rebfläche widmete er der alten Rebsorte viel Aufmerksamkeit. Ungewöhnlich, aber wahr: San Martino della Battaglia hat seit 1970 den DOC-Status und ist mit fünf Mitgliedern die kleinste DOC Italiens.

Als 2008 die Europäische Union den Namen Tocai ausschließlich Ungarn zusprach, war der Wein plötzlich namenlos. In der Lombardei entschied man sich für den eigenwilligen Namen »Tucchi«. Aber Luca schrieb statt dessen Namens ein großes Fragezeichen auf sein Etikett und gab dem Wein den Fantasienamen »Campo del Soglio«. »Der Wein ist filigran, seine Finesse entfaltet sich erst im Mund«, erklärt Signor Formentini und fügt hinzu »Den Wein verstehen wir, die mit Leidenschaft diesen Traditionswein pflegen, keinesfalls als Konkurrenz zum Lugana, sondern als wohlschmeckende Ergänzung und Pflege der Tradition.«

**Selva Capuzza** · Loc. Selva Capuzza · 25015 Desenzano del Garda · Tel. 030/991 03 81
www.selvacapuzza.it

# Yoga, Relax und feine Weine

*Nur einen Katzensprung vom stets quirligen Touristenrummel in Sirmione entfernt liegt, charmant umkränzt von Weingärten, der Agriturismo Le Preseglie. Hier kann man sich nicht nur inmitten der Natur bestens erholen, sondern auch an professionellen Yogakursen teilnehmen.*

**»Luce della Conoscienza Upadesha Yoga«** – Licht der Erkenntnis – heißt die Yogaschule in der Cascina Le Preseglie, wo Maestro Kailasha sich auf spirituelles Yoga spezialisiert hat. In den Kursen werden die Yoga-Disziplinen Hatha, Pranayama, Nidra und Kyra di Hathayoga praktiziert. Cristina Bordignoni, die Besitzerin und leidenschaftliche Yogaanhängerin, erzählt mit leuchtenden Augen: »Es werden von Jahr zu Jahr mehr Gäste, die ganz speziell wegen des Yoga hierherkommen. Sie genießen es, wie sich dank Yoga Gefühl, Geist, Herz und Vitalität harmonisch vereinen und sie sich voll und ganz auf sich selbst konzentrieren. Erfreulich ist auch, dass sich immer mehr Kinder für Yoga interessieren und unsere Kurse besuchen.«

Natürlich kann man im Agriturismo Le Preseglie auch schöne Urlaubstage ohne Yoga verleben. Das große Schwimmbad ist eingerahmt von Rebstöcken und bietet einen Blick auf den Torre di San Martino und den Gardasee. Spielt das Wetter mal nicht so mit, stehen ein Türkisches Bad, eine Biosauna mit Aroma-, Chromo- oder Muskeltherapie zur Verfügung oder man peppt sich in der Vichy-Dusche mit mineralischen Salzen auf. Entspannung pur!

So wunderbar relaxed schmeckt ein Glas Wein nochmal so gut, noch dazu, wenn er im hauseigenen Weingut hergestellt wird und fernöstliche Namen trägt. Der Lugana des Weinguts heißt »Hamsa« (»Hand der Fatima«, eine Art Glücksbringer). Das Weingut ist zudem eines der fünf im Lugana-Gebiet, die die traditionelle Rebe Tocai (s. S. 58) wieder vinifizieren. Cristina nennt ihn »Kaivalya«, das steht im Yoga für Vereinigung und Harmonie – und das trifft auf das elegante Tröpfchen absolut zu.

**Cascina Le Preseglie** · Loc. Preseglie · 25015 Desenzano del Garda · nahe San Martino della Battaglia · Tel. 030/910 81 95 · www.agriturismolepreseglie.com

# Bezauberndes Burgdorf im Naturschutzgebiet

*Das mittelalterliche Burgdorf Castellaro Lagusello liegt gerade mal ein Viertelstündchen von Peschiera entfernt und dennoch fühlt man sich hier wie in einer anderen Welt. Die Festungsanlage zählt zu den schönsten Italiens und entlang des dazugehörenden Minisees fasziniert eine einzigartige Flora.*

**»Festung am kleinen See«** heißt Castellaro Lagusello und es ist in der Tat ein Minisee. Klein aber fein, denn hier gedeihen rundherum wilde Orchideen, wunderschöne, fast vergessene Pflanzenarten und auf dem Wasser herrliche Seerosen. Seltene Vogelarten, Schmetterlinge, Enten und viele andere Tiere, die sich in der Nähe des Wassers wohlfühlen, bevölkern den See. Nach den Menschenmassen entlang des Gardasees ist diese Festung und die sie umgebende Naturschönheit eine wohltuende Oase der Stille.

Die Burg stammt aus dem 12. Jahrhundert und ist wie fast alle Burgen entlang des Gardasees vom Geschlecht der Scagliger errichtet worden. Die strategische Lage zwischen Verona und Mantua war jedoch später auch für die Visconti, Gonzaga und die Republik Venedig interessant.

▶ **Seit Jahrzehnten beliebt in Castellaro Lagusello, weil man hier in reizendem Ambiente freundlich bewirtet wird, ist das Ristorante La Dispensa (»Die Speisekammer«) in der Via Castello 21, Tel. 0376/888 50.**

Die Burgmauern wurden immer wieder erweitert und mit Wachtürmen ergänzt, von denen noch einige erhalten sind.

Am besten schlendert man einfach gemütlich durch die mittelalterlichen Gassen und lässt sich vom Flair dieses Burgdorfes verzaubern. Neben dem mächtigen Castello mit den Burgmauern und dem Uhrturm kann man den Torre Campanaria besteigen, um eine sensationelle Aussicht auf den Gardasee und die moränischen Hügel zu genießen. Schön anzusehen ist auch die Villa Arrighi-Tacoli aus dem 18. Jahrhundert. Wenn sich dabei leichter Hunger einstellt, ist man hier genau richtig. Es gibt einige kleine Trattorien und Weinbars, die empfehlenswert zum Einkehren sind.

---

**Castellaro Lagusello** · 46040 Castellaro Lagusello, Monzambano
www.castellarolagosella.it

Castellaro Lagusello, ein romantisches Dorf wenige Kilometer vom See entfernt

## 31

# Fahrräder, Italiens heilige Kühe

*Sonntag für Sonntag sieht man Rudel von nebeneinanderfahrenden, gestylten und durchtrainierten Männerkörpern in kanarienfarbigen oder giftgrünen, hautengen Trikots auf technisch hochmodernen Rennfahrrädern, die mit affenartiger Geschwindigkeit die Gardesana entlangsausen.*

**Besser nicht überholen,** denn sie repräsentieren – voller Stolz – eine kulturelle Tradition der Nation und sie haben die Vorfahrt im Sattel eingebaut.

Giovannino Guareschi schreibt in seinem Bestseller *Don Camillo und Peppone*: »Man kann nicht verstehen, dass es auf dem Erdenfleck zwischen dem großen Fluss und der großen Straße eine Zeit gegeben haben sollte, in der das Fahrrad unbekannt war.« Tatsächlich fahren in der Bassa, so wird die Ebene entlang des Po in der Emilia genannt, alle Rad, vom Kleinstkind bis zum Opa. Laut dem bekannten italienischen Schriftsteller und Journalisten Curzio Malaparte (1898–1957) gehört das Fahrrad in Italien genauso zum nationalen Kunsterbe wie die *Mona Lisa* von Leonardo, die Kuppel des Petersdoms oder die *Göttliche Komödie* von Dante Alighieri.

▶ **Eine Sammlung alter Fahrräder kann man im Weingut La Perla in Lonato, Via Fenil Vecchio 9, bestaunen, während man die feinen Lugana-Weine verkostet.**

Auch wenn man weiß, dass das Fahrrad eine englische Erfindung ist und das in München in der Pinakothek der Moderne ausgestellte Fahrrad von Leonardo da Vinci eine Fälschung ist, es ist besser, in Italien nicht darüber zu sprechen.

Curzio Malaparte erklärte auch: »Wenn man in Italien sagt, dass das Fahrrad nicht von einem Italiener erfunden wurde, so wie das Pferd, der Hund, der Adler, die Blumen, die Bäume und die Wolken von Italienern erfunden wurden, und es ist wahr, dass das Pferd, der Hund, der Adler, die Blumen und die Wolken von Italienern erfunden wurden, würde das der Halbinsel einen langen Schauer über den Rücken jagen.«

**Museo Nicolis** · Museum für Technik, Abteilung über die Geschichte des Fahrrads · Via Postumia 37069 Villafranca di Verona · 10–18 Uhr, Mo Ruhetag · Eintritt 10 Euro · Tel. 045/630 32 89
www.museonicolis.com

Rennradfahrer prägen sonntags das Straßenbild der Gardesana rund um den See.
Genaueres über die Geschichte der Fahrräder erfahren sie im Museo Nicolis.

Seit Urzeiten war Sirmione ein begehrtes Ziel für mondänen Kururlaub.

# Die Grotten, die keine sind …

*… und der berühmte Dichter Catull sind Namensgeber dieser Sehenswürdigkeit in Sirmione. Vergleiche mit Verona tun sich auf. Auch Romeo und Julia gab es nur in der Fantasie von William Shakespeare, so wie Catull niemals in der Villa Sirmione gelebt hat und die Grotten ein römisches Sanatorium waren.*

**Wann Gaius Valerius Catullus,** kurz Catull genannt, lebte, ist nicht exakt bekannt, es muss zwischen 85/87 v. Chr. bis 54 v. Chr. gewesen sein. Man weiß jedoch, dass er teils in Rom und Verona lebte, aber immer wieder zur Erholung und um sich zu vergnügen nach Sirmione reiste. Er widmete diesem idyllischen Platz einige seiner berühmten Verse, die widerspiegeln, wie sehr er dieses kleine Paradies am Südzipfel des Gardasee liebte. Und flugs erfand man, dass er in der Villa nahe den ebenfalls fälschlicherweise so genannten Grotten lebte. Catull hat diese Villa jedoch nie gesehen, sie wurde nach seiner Zeit, vermutlich um 150 n. Chr., erbaut. Die Grotten, die sich auf dem letzten der drei Hügel von Sirmione über zwei Hektar ausbreiten, wurden ebenfalls nach ihm benannt, obwohl man weiß, dass es sich weder um Grotten noch um den Platz handelt, an dem der berühmte Dichter lebte. Bei Ausgrabungen stellte man fest, dass es vermutlich ein antikes Wellnesszentrum mit Thermalbad von immensen Ausmaßen war. Diese Anlage, wie auch die Villa, von der heute nicht mehr viel zu sehen ist, waren sehr luxuriös ausgestattet. Das heilende, schwefel-, brom- und jodhaltige Wasser, für das die bezaubernde Halbinsel berühmt ist, nutzten bereits die Römer.

Sehenswert ist das moderne Museum, nahe der Villa gelegen. Neben Grabungsfunden kann man Filme ansehen, die das Luxusleben in den Thermenanlagen fiktiv nachstellen.

Durch die Ruinenanlage mit den knorrigen, uralten Olivenbäumen spazieren, dabei immer die »lachenden Wellen des Lyd'schen Sees« vor Augen, wie Catull so liebevoll schrieb, ist ein unvergessliches Erlebnis.

**Grotte di Catull** · Piazzale Orti Manara 4 · 25019 Sirmione · Di–Sa. 8.30–19.30, Sonn- u. Feiertage 9.30–18.30 Uhr, Mo Ruhetag · Eintritt 4 € · Tel. 030/91 61 57
www.archeologica.lombardia.beniculturali.it

# 33

## Karibik-Feeling am Südufer

**Am Superstrand Coco Beach** fühlt man sich wie in den Tropen. Das mag am weißen Sand liegen, der vom Roten Meer stammt, oder auch am kristallklaren Wasser des Gardasees und am karibischen Ambiente der Strandbar. Ob man nun mit dem Boot anlegt oder vor der Strandbar parkt – unter Palmen zu flanieren, ein Sonnenbad zu nehmen oder nur mit dabei zu sein, lockt viele Junge und Junggebliebene hierher. Sehen und gesehen werden lautet das Motto, vor allem am Wochenende, wenn die DJs die passende Musik auflegen. Der Coco Beach Club bietet alles, was Feierlustigen die Urlaubstage versüßt. Sollte es mal regnen, geht die Party drinnen weiter …

**Coco Beach Club** · Via Catullo 5 · 25017 Lonato del Garda · Tel. 349/581 02 05
Strand Tel. 349/581 02 43 · www.cocobeachclub.net

# 34

## Klein, versteckt, entdeckenswert

**QB steht für »quanto basta«** und das sagt man in Italien, wenn der Koch keine genaue Angabe für die Menge macht, sondern so viel nimmt, wie er für gut hält. Matteo und Silvia haben in vielen Restaurants weltweit gearbeitet, bevor sie sich entschlossen haben, in Sirmione ihre gesammelten Erfahrungen im eigenen Ristorante umzusetzen. Matteo kocht eine leichte mediterrane Küche ohne viel Schnickschnack. Seine Frau Silvia sorgt mit Kompetenz und Charme für einen Wohlfühlabend. Äußerst sympathisch ist auch das Ambiente, drinnen wie draußen. Die Weine kommen vorwiegend von Winzern der umliegenden Weinregionen. Ein weiterer Pluspunkt: Das hübsche QB liegt ein wenig abseits des Massen-Touristenrummels.

**Quanto Basta** · Social Restaurant & Lounge · Via Colombare 96 · 25019 Sirmione
nur abends geöffnet, Di Ruhetag · Tel. 030/990 50 37 · www.qbristorante.it

Chillen, tanzen, sonnen und einfach nur Spaß haben am Südufer des Gardasees.
Das charmante Ristorante QB liegt etwas abseits der Touristenmeile von Sirmione.

Lonato ist genau richtig, wenn man abseits des Touristenrummels Urlaub machen möchte.

# Lonato – Kleinstadt mit *bella vista*

## 35

*Wohl platziert auf dem Moränen-Amphitheater liegt das sehenswerte Städtchen Lonato und bietet einen sensationellen Weitblick auf den Gardasee und die Weingärten des Lugana-Gebiets bis hinüber zu den Weinhügeln und Olivenhainen der Valtenèsi. Aber nicht nur deshalb lohnt ein Besuch.*

**Kultur- und geschichtsinteressierte Menschen** sind in Lonato genau richtig, denn das Städtchen hat eine lange, bewegte Vergangenheit. Der strategischen Lage wegen war es durch die Jahrhunderte hindurch ständiger Streitpunkt der diversen Adelsgeschlechter. Bei einem Bummel durch die liebenswerte Altstadt entdeckt man zahlreiche historische Palazzi, den zauberhaften Marktplatz und den nicht zu übersehenden, 55 Meter hohen Stadtturm Torre Maestra, der 1555 erbaut wurde. Von der mächtigen Burganlage ist nur noch wenig erhalten und man kann sich kaum noch vorstellen, dass sie Ausmaße hatte, die selbst Napoleon tief beeindruckten. Spaziert man an den Mauerresten auf dem Festungshügel entlang, gelangt man unweigerlich zur Casa del Podestà, das Haus, in dem der venezianische Statthalter lebte.

Im 20. Jahrhundert erwarb Senator Ugo da Como (1869–1941) das verfallene Bauwerk, hat es von Grund auf restauriert und darin, umgeben von den schönsten Werken oberitalienischer Kunst, gelebt. 1920 ließ er im herrlichen Garten gegenüber seinem Wohnhaus eine Bibliothek errichten. Sie umfasst 50 000 Bücher und zählt zu den bedeutendsten und wertvollsten Sammlungen Italiens. Kunstliebhabern wird das Herz höher schlagen, wenn sie die Inkunabeln (Wiegendrucke) und Handschriften sowie illustrierte Bibeln und vieles mehr bestaunen dürfen. Das Wohnhaus, die ehemalige Casa del Podestà, ist ein Museum und gehört wie die gesamte Anlage der Stiftung Ugo da Como. Hier gibt es grandiose Fresken von Floriano Ferramolo, Zeichnungen von Giovanni Battista Tiepolo und Appini, aber auch antike Möbel und Porzellan zu betrachten.

**Lonato del Garda** · La Casa del Podestà · Via Rocca 2 · 25017 Lonato · Tel. 030/913 00 60
www.fondazioneugodacomo.it

# 36 Vergessene Stadt mit ruhmreicher Vergangenheit

*Castiglione delle Stiviere ist ein charmantes Städtchen mit einer spannenden Vergangenheit – heute ein wenig von der Welt vergessen – im Hinterland von Desenzano. Das Geschlecht der Gonzaga prägte diese Stadt, die in Bezug auf Grundwerte wie Hilfsbereitschaft für Menschen in aller Welt beachtenswert ist.*

**Der junge Aloysius von Gonzanga,** 1568 in Castiglione delle Stiviere geboren, ist einer derjenigen, die bereits in sehr jungen Jahren heiliggesprochen wurden. Der erstgeborene Sohn von Ferdinand Gonzaga, Markgraf von Castiglione, verzichtete zugunsten seines Bruders Rudolf auf das väterliche Erbe und durfte, mit Genehmigung seines Vaters, in den Jesuitenorden eintreten. Er setzte sich intensiv für die Pflege Kranker ein, infizierte sich bei der Pestepidemie in Rom und starb im jugendlichen Alter von 23 Jahren. Er gilt als Symbol für mutige junge Menschen. 14 Jahre nach seinem Tod wurde er 1605 von Papst Paul V. heilig gesprochen. Die majestätische Basilika im Zentrum der Altstadt wurde dem Heiligen gewidmet, ebenso wie ein Museum. Castiglione delle Stiviere ist aber auch wegen der Schlachten von Solferino und San Martino im Jahre 1859 in die Geschichte eingegangen. Hier entstand 1859 die Idee einer Weltorganisation für beispiellose Hilfsbereitschaft, Vorreiterin des Roten Kreuzes. Es war der Schweizer Geschäftsmann Henri Dunant, der zufällig die wütende Schlacht des französisch-italienischen Heeres gegen die Habsburger erlebte. Angesichts dieses grausigen Mordens, an dem 300 000 Soldaten beteiligt waren und bei dem tausende Menschen verstümmelt wurden, vergaß er selbst seine eigentliche Aufgabe und half gemeinsam mit den hilfsbereiten Frauen von Castiglione den Verwundeten. Vieles aus dieser schrecklichen Zeit kann man im Rot-Kreuz-Museum in Castiglione sehen und nachvollziehen.

▶ **Nach dem Besuch der sehenswerten Stadt gut essen in der Hosteria del Teatro, Via B. Ordanino 5b, 46043 Castiglione d. Stiviere, Tel. 0376/67 08 13**

**Museo Internazionale della Croce Rossa** · Via Garibaldi 50 · 46043 Castiglione delle Stiviere
Di–So 9–12, 15–18 Uhr · Eintritt 5 € · Tel. 0376/63 85 05 · www.dsmnet.it

Castiglione delle Stiviere: enge Gassen, herrliche Ausblicke und gute Ristorante

Die Deutsche Anita hat sich erst in einen Italiener verliebt und dann in die Kaffeerösterei der Schwiegereltern. Heute ist sie die Kaffeespezialistin.

# Aromatisch duftendes Lebenselixier

## 37

*An Padenghe fahren viele vorbei. Sollte man jedoch nicht, denn im kleinen, aber reizenden historischen Zentrum liegt der liebenswerte Kaffeeladen von Anita. Dort kann man nicht nur frisch gerösteten Kaffee kaufen, sondern erfährt auch viel Wissenswertes rund um das köstliche Lebenselixier.*

**Man muss einfach seiner Nase und dem verlockenden Kaffeeduft folgen,** dann verfehlt man den kleinen Laden unter den Arkaden auf der linken Seite, wenn man in Richtung Kirche geht, keinesfalls. Das alte Ziegelmauergewölbe sorgt für ein heimeliges Ambiente und Anita, die Betreiberin, hat ihre Kaffeeboutique so gestaltet, dass der Charme des alten Gebäudes erhalten blieb.

Der Liebe wegen ist Anita, die ursprünglich aus dem Allgäu kommt, an den Gardasee gezogen. Da ihr Mann keine Lust hatte, die traditionsreiche Kaffeerösterei seiner Eltern zu übernehmen, dachte die Familie daran, sie zu schließen. Anita fand jedoch von Anfang an Gefallen an der Arbeit ihres Schwiegervaters und bat ihn, sie in die Geheimnisse des Kaffees einzuweihen. »Nach einem Jahr intensiver Schulung fühlte ich mich fit genug, um selbst die besten Kaffeebohnen aus den unterschiedlichsten Herkunftsländern einzukaufen. Bald beherrschte ich auch das schonende Rösten bei sanfter Temperatur, das enorm wichtig ist. Meine Schwiegereltern waren natürlich glücklich, dass die Tradition des kleinen Familienbetriebs, der 1939 gegründet worden und einer der ersten am Gardasee war, fortgeführt wurde«, erzählt Anita mit ein wenig Stolz. In ihrer Bottega del Caffè kann man aus sortenreinen Kaffees aus unterschiedlichen Ländern auswählen und es gibt drei perfekt abgestimmte Kaffeemischungen; man kann sich aber auch seine ganz persönliche Mischung zusammenstellen lassen. Bevor man sich aber entscheidet, darf verkostet werden. Kaffeeliebhaber sollten ein wenig Zeit einplanen, denn Anita kann unglaublich anschaulich und voller Enthusiasmus erklären.

**Caffè G. Martini** · Kaffeerösterei, Bottega del Caffè · Via Chiesa 34
25080 Padenghe · Mi–So 9–12.30 Uhr · Tel. 349/068 55 32 · www.caffemartini.eu

# 38

# Exzellentes Olivenöl in noblen Flakons

*Ob Gianfranco Comincioli mehr wegen seiner charakteristischen Weine oder seiner sensationellen Olivenöle so berühmt ist, und das nicht nur am Gardasee, sei dahingestellt. Genießer, die Wert auf höchste Qualität legen, pilgern zu ihm hinauf nach Castello, einem Ortsteil von Puenago.*

**Er ist eine Persönlichkeit,** sagen die Einheimischen, und wer ihn kennengelernt hat, wird es bestätigen. Seit 1978 führt Gianfranco das 1552 gegründete Familienweingut in der 14. Generation, die 15. Generation, seine Söhne Andrea und Roberto, sind schon voll im Betrieb integriert und seit 2014 gibt es eine 16. Generation.

Weinreben und Olivenbäume wuchsen im hügeligen Umland seit jeher und Familie Comincioli hat daraus schon immer Weine gekeltert und Olivenöl für den Hausgebrauch gepresst. Nachdem Gianfranco das Weingut übernahm, machte ihn ein Professor darauf aufmerksam, dass Olivenöl, wichtig für die Gesundheit sei. Das beeindruckte und beschäftigte ihn so sehr, dass er von da an seinen Olivenbäumen vermehrte Aufmerksamkeit schenkte. Nach so mancher Enttäuschung fand er schließlich seinen Weg: sortenreiner Ausbau, Handlese, rasche Verarbeitung innerhalb von vier Stunden, Entkernen der Oliven, Pressen ohne Sauerstoff und penible Sauberkeit in seiner Ölmühle. Nebenbei bemerkt: Seine Ölmühle gleicht einem OP-Saal. Da Gianfranco viel Sinn für schöne Dinge hat, wählte er für sein international stets hoch bewertetes Olivenöl eine ganz besondere Verpackung: ein nobler, quadratischer Würfel, der bereits Kultstatus hat.

Aber man würde was versäumen, wenn man »nur« wegen des Olivenöls kommen würde. Alle Weine des Weinguts, ob weiß, rosé oder rot, haben Persönlichkeit, wie der Winzer, der sie vinifiziert.

Neu im Hause Comincioli ist ein – wie könnte es anders sein – außergewöhnlicher Spumante, extra brut in Flaschengärmethode hergestellt, und großartig ist auch die authentische »Grappa 50°«.

**Azienda Agricola Comincioli** · Via Roma 10 · Frazione Castello · 25080 Puenago del Garda
Tel. 0365/65 11 41 · www.comincioli.it

Gianfranco Comincioli ist der Olivenölproduzent, wenn es um Topqualität geht.

Ob man von der Villa Borghese-Cavazza auf den See blickt oder umgekehrt vom See auf die Villa, der Eindruck ist immer faszinierend und unvergesslich.

# Die Magie der Isola del Garda

*Vom Wasser aus vermittelt die fast hundert Meter über dem See schwebende Villa Borghese-Cavazza eher einen sakralen als einen profanen Eindruck. Erst seit einigen Jahren sind die Villa und die Insel mit den üppig blühenden mediterranen Gärten für Besucher zugänglich.*

**Die neoklassizistische, venezianische Fassade,** die der Architekt Luigi Rovelli im frühen 19. Jahrhundert entworfen hat, stammt aus der gleichen Zeit, als der Märchenkönig Ludwig in Bayern sein Neuschwanstein bauen ließ. Der prachtvolle Bau erinnert mit seinen durchflochtenen Spitzbögen an eine Geschichte aus Tausendundeiner Nacht. Seit sich die Gräfin Cavazza und ihre Familie entschlossen haben, ihren privaten Wohnsitz für Führungen und Veranstaltungen einem breiten Publikum zu öffnen, hat sich die Isola del Garda zu einem Lieblingsausflugsziel für Gardasee-Urlauber entwickelt. Bei den Gruppenführungen erfährt man viel Wissenswertes über die Insel und die Namen der exotischen und mediterranen Bäume und Pflanzen, die es im Garten zu sehen gibt. Man wird darauf hingewiesen, dass der Schnitt der Buchsbaumterrassen das Wappen der Familie de'Ferrari widerspiegelt, die den Garten planten, und dass die Palmen neben der Villa von den Kanarischen Inseln stammen. Für Kinder ist es spannend, zu hören, dass die Cavazzi-Kinder jeden Morgen mit dem Boot in die Schule fuhren. Alles sehr kurzweilig, aber wo bleibt der vielbesungene Mythos der Insel?

Ist er bei der napoleonischen Zerstörung des über 1000 Jahre alten Klosters der Benediktiner und später der Franziskaner mit untergegangen? Vielleicht bedarf es aber auch nur eines Glases des köstlichen hauseigenen Rotweins, der in der Loggia der Villa mit Blick auf die im Sonnenlicht glitzernden Fluten des Sees gereicht wird, um den Geist des »Troubadour Gottes«, wie der Heilige Franz von Assisi, der hier vor 800 Jahren lebte, genannt wurde, wieder auferstehen zu lassen.

**Az. Agr. Borghese Cavazza** · Via Mazzini 22 · 25010 San Felice d/B
Besichtigung (ca. 2 Std.) Apr.-Okt. (Abfahrtzeiten s. Internet)
Tel. 328/384 92 26 · www.isoladelgarda.com

# Polenta, die Pasta des Nordens

*»Polenta war für uns das tägliche Brot«, erzählt Gianni Briarava, Besitzer des beliebten Traditionslokals Trattoria Alle Rose in Salo und Slowfood-Verantwortlicher. »Und wenn wir auch heute nicht mehr dreimal täglich Polenta essen, dreimal die Woche sicherlich«, fügt er verschmitzt hinzu.*

**Zurück zu den Ursprüngen** heißt es auch bei der Herstellung von Polentamehl. Im moränischen Hügelland im Hinterland des südlichen Gardasees besinnt man sich wieder verstärkt auf den Anbau traditioneller alter Maissorten – biologisch selbstverständlich. Verstärktes Augenmerk wird aber auch auf schonendes Mahlen gelegt. Elf Jahre lang haben zehn Landwirte in der Nähe von Bedizzole experimentiert, traditionelle Maissorten erforscht und immer wieder angebaut und getestet. Zudem haben sie in mühevoller Arbeit eine historische Mühle am Fluss Chiese wieder instand gesetzt. Seit einigen Jahren funktioniert nun der steinerne Mühlstein wieder einwandfrei und somit können sie ihre heimischen Hartmaissorten, die im Umkreis von einem Kilometer angebaut werden, wieder wie anno dazumal verarbeiten. Die alte Mühle der Società la tipica polenta del Garda Bresciano kann man besichtigen und natürlich auch das vollaromatische Polentamehl dort erwerben. Ein Signor um die 80 Jahre erzählt:»Ich komme von Brescia hierher, weil die Polenta aus diesem Mehl genauso schmeckt wie in meiner Kindheit. Als ich sie zum ersten Mal probierte, fiel mir das morgendliche Frühstück ein, das ich als Kind bekam: eine Schüssel mit Polenta, Honig und Milch.«

Zwei Brüder kamen auf die Idee, neue, kreative Gerichte aus der traditionellen Polenta zu entwickeln. In ihrem Bistro, das zu Recht »Polenteria-Vineria« heißt und direkt an der Kreuzung in Cunettone di Salò liegt, stehen witzige Polentagerichte auf der Speisekarte, z.B. unterschiedlich gefüllte Tramezzini aus Polenta, kleine Polentanester und vieles mehr. Dazu werden feine Weine serviert.

**Società coop. agricola tipica polenta** · Via Garibaldi 14 · 25081 Bedizzole
www.farinadelgarda.it · **PiJei Osteria-Vineria** · Via Europa 9 · 25087 Cunettone
Ruhetage So abends u. Mo · Tel. 0365/421 11

Andrea und Marco Leali mit ihrer Mutter in der sympathischen Osteria, bei der sich vieles um Polenta dreht, immer raffiniert zubereitet, wie die Tramezzini aus Polenta.

Tassoni, der alkoholfreie Drink aus der Cedrafrucht, wird seit 1921 in Salò hergestellt, seit 2014 gibt es in der Fußgängerzone auch eine schmucke Tassoni-Bar.

# Tassoni – Kultdrink mit hundertjähriger Tradition

*Im 18. Jahrhundert prägten Cedrobäume mit ihren gelbgrünen Früchten die Landschaft der Riviera Limone. 1868 entdeckte der Apotheker Nicola Tassoni gemeinsam mit Paolo Amadei die gesunde Wirkung und das köstliche Aroma dieser Frucht und destillierte daraus das »Acqua di tutto Cedro«.*

**1921 war die Geburtsstunde von Cedral Tassoni,** auch »Cedrata« genannt. Carlo der Sohn von Paolo Amadei, erfand den unvergleichlichen Sirup aus Cedro, aus dem dann in den 50er-Jahren Tassoni Soda entstand, ein Getränk mit der richtigen Dosis Cedro, trinkfertig vermischt mit Soda. Abgefüllt wurde der Drink in kleine Fläschchen im Liberty-Stil, so wie sie heute auch noch auf dem Markt sind. Zu dieser Zeit startete die Firma, längst ein industrieller Familienbetrieb, eine sensationelle nationale Werbekampagne.

Da die Cedrofrüchte der lombardischen Gardaseeküste nicht mehr ausreichen, kommen die aromatischen Früchte heute aus Kalabrien. Für das einzigartige Aroma wird lediglich die Schale benötigt, die eingeweicht wird und anschließend auf traditionelle Weise mit Wasserdampf destilliert.

Das Geheimnis des guten Geschmacks sind die natürlichen Rohstoffe. Deshalb ist Cedrata auch ein Slowfood-Produkt. Seit 2014 ist »Tonica Tassoni« mit Aroma di Cedro auf dem Markt, ebenfalls in den klassischen Tassoni-Fläschchen. Die frischen, alkoholfreien Drinks erleben derzeit weltweit eine wahre Renaissance. In der Fußgängerzone von Salò gibt es seit Sommer 2014 eine reizende Tassoni-Aperitivo-Bar. Hier kann man raffinierte Cocktails aus Cedrata und Tonica Tassoni genießen, sowie verschiedene Liköre aus Cedro, Minze, Limone und mehr. Die alten, wunderschönen Werbetafeln aus den 50er- und 60er-Jahren verleihen der Bar Charme und Wohlfühlatmosphäre. Ein abgeschnittener Cinquecento, gefüllt mit Tassoni-Fläschchen, ist ein Hingucker im Schaufenster, den man beim Bummel in der Fußgängerzone kaum übersehen kann.

**Cedral Tassoni** · Sitz der Firma: Viale Marco Enrico Bossi 3/5 · 25087 Salò · www.cedraltassoni.it
**Tassoni-Bar** · Via S. Carlo 28 · 25087 Salò · Tel. 0365/417 35 oder 417 36 · Öffnungszeiten s. www.cedraltassoni.it unter News

# Eis schlecken nach dem Dombesuch

*Was wäre ein Urlaub am Gardasee ohne Eisschlecken. Es gehört dazu wie das Rauschen des Sees und der tägliche Stau auf den Straßen entlang des Seeufers. Wo es das beste Eis gibt, darüber wird stets heiß diskutiert. Vor dem Dom in Salò, auf der linken Seite, ist eine der heißesten Adressen!*

**Eine Menschenschlange signalisiert,** dass es hier etwas sehr Gutes geben muss. Bei näherer Betrachtung erkennt man einen winzigen Laden, wo es seit 2002 feinstes Eis zum Mitnehmen gibt. Joseph Barone, der gelernte Koch, der zehn Jahre in Hamburg gearbeitet hat, wollte eigentlich nach der Geburt seiner Tochter wieder in seine Heimat Neapel zurückkehren. Bei Freunden in Salò machte er mit seiner Familie einen Zwischenstopp. Weil er sich in Salò so wohlfühlte und ihm das Städtchen so gut gefiel, fing er an, in einigen Restaurants zu arbeiten. Bald aber merkte er, dass seine eigentliche Leidenschaft die Zubereitung süßer Leckereien ist. Er mietete den kleinen Laden am Dom und begann, Eis zu machen.

▶ **Eine traditionelle Kultadresse für Süßschnäbel ist auch die Pasticceria Vassalli, Via San Carlo 86, www.pasticceria-vassalli.it.**

Aber nicht irgendein Eis, nein, nur aus allerbesten und frischesten Zutaten. Der kleine Eisladen wurde bald rund um den Benaco bekannt und das Geschäft florierte. Daher beschloss der kreative Dolci-Künstler, nun auch Pralinen und vieles andere aus erlesenster Schokolade und feinsten Zutaten herzustellen. Er eröffnete das Casa del Dolce, seit März 2014 direkt am Lungolago unweit des Doms. Dort kann man nun das köstliche Eis auch im Sitzen löffeln, aber auch einen Espresso trinken und sich die allerfeinsten *dolci* von Signor Barone schmecken lassen.

Den kleinen Eisshop vor dem Dom gibt es aber nach wie vor! Nach dem Besuch des absolut sehenswerten Duomo di Santa Maria Annunziata lohnt es, sich in die wartende Schlange einzureihen und anschließend Eis schleckend durch die engen Gassen von Salò zu bummeln.

**Casa del Dolce di Joseph Barone** · Lungolago 72 (Café) u. Piazza Duomo 1 (Eis zum Mitnehmen) 25087 Salò · tgl. 8–12.30 u. 14–22.30 Uhr · Tel. 0365/221 62

Eis und Schokolade von Feinsten bietet Joseph Barone im Casa del Dolce in Salò.

Das Innere der Kirche San Giuseppe in Brescia, in der Gaspero da Salò bestattet wurde.
Ein Grab gibt es nicht, nur eine Gedenktafel, die an ihn erinnert.

GASPARO DA SALÓ
NELL'ARTE DE LIUTAI MAESTRO
PER TROVARLE VIE NUOVE
LEGGI MATERIA FORME STUDIANDO
DIÈ QUASI ANIMA E SENSO
AL VIOLINO MODERNO
CREAZIONE SUA

FU SEPOLTO IN QUESTO TEMPIO
N. IN SALÒ 1540 M. IN BRESCIA 1609

# Die kaum auffindbaren Spuren des Gaspero da Salò

*Man möchte annehmen, dass man einem der berühmtesten Geigenbauer in seinem Geburtsort ein Museum widmet oder zumindest das Geburtshaus zu besichtigen wäre! Aber Fehlanzeige, außer einer Bronzestatue vor dem Palazzo in Salò gibt es nichts! Auch in Brescia, seinem Wirkungsort, sucht man vergeblich.*

**In der Kirche San Giuseppe in Brescia** wurde der erfolgreiche Geigenbauer im Jahre 1609 bestattet. Aber obwohl Gaspero da Salò sehr vermögend war, schien ihm anscheinend eine monumentale Grabstätte nicht wichtig, deshalb – auch hier, wo er gelebt und gearbeitet hat – keine Spur von ihm. Lediglich eine Gedenktafel an der Kirchenmauer erinnert in Brescia an den berühmten Geigenbauer.

Professor Flavio Dassenno, Spezialist für geschichtliche Spurensicherung musikalischer Instrumente, der am Konservatorium in Brescia lehrt, ist fasziniert vom großen Gaspero da Salò und traurig darüber, dass man in Brescia, wie auch in Salò, wenig über seine Meisterwerke, sein Leben und sein Wirken erfährt. Flavio Dassenno erzählt, dass der 1542 in Salò geborene Gaspero in einer sehr musikalischen Familie aufgewachsen ist. Nach dem Tod seines Vaters ging er nach Brescia, wo die berühmtesten Instrumentenbauer und Musiker dieser Zeit zu seinen Freunden zählten. Er selbst war ein exzellenter Kontrabass-Spieler, was ihm natürlich beim Bau seiner Saiteninstrumente half. Im 16. Jahrhundert gab es heftige Diskussionen zwischen den Städten Brescia und Cremona, in welcher Stadt es die besten Violinenbauer gebe. Professor Dassenno ist überzeugt, dass damals Brescia die Nummer eins war, dann jedoch, als in Brescia um 1631 die Pest wütete, erstarkte Cremona. Nicht zuletzt durch den grandiosen Geigenbauer Antonio Stradivari, der wahrscheinlich 1644 geboren wurde und 1737 in Cremona starb. Nebenbei bemerkt, Cremona ehrt den großen Geigenbauer mit einem Stradivari-Museum! Zur Nachahmung für Brescia und Salò empfohlen!

**Chiesa San Giuseppe** · Vicolo San Giuseppe 5 · 25100 Brescia
**Statue von Gaspero da Salò** am Lungolago · Palazzo Municipale · 25087 Salò

# Der Weinberg inmitten der Stadt Brescia

*Mag sein, dass Wien mit 612 Hektar Rebfläche den Weinberg am Fuße des Castello di Brescia mit knapp vier Hektar an Größe übertrumpft. Wenn es jedoch um das Alter geht, hat Brescia die Nase vorn. Einmalig ist auch die Rebsorte Invernenga, aus der ein charaktervoller Weißwein gekeltert wird.*

**»Pusterla« heißt der kleine Weinberg am Monte Cidneo,** am Fuße des mächtigen Castello di Brescia. Man vermutet, dass bereits im Jahre 1037 dort Rebstöcke gepflanzt wurden. Dokumente über die Existenz des Weinbergs sind datiert auf das Jahr 1225. Gesichert ist auch, dass die Weine in der Mensa des Langobardenklosters Santa Giulia ausgeschenkt wurden. 1940 kreierte der damalige Besitzer Mario Capretti die Marke Pusterla und erreichte mit seinen Weinen viele Auszeichnungen. Zu den großen Bewunderern der Weine zählte unter anderem auch Winston Churchill.

Nach dem Tod Caprettis gab es mehrere Besitzer, bis schließlich Maria Capretti das Familienerbe 2011 wieder übernahm. Viel gab und gibt es für sie zu tun, um den etwas heruntergekommenen Weinberg wieder zu beleben. Zu den hundertjährigen Rebstöcken gesellten sich Neuanpflanzungen der autochthonen Rebsorte Invernenga. Das für hohe Qualität bekannte, kleine Weingut Cantrina in Bedizzole keltert den Weißwein für Signora Capretti. Wenn es das Weinjahr erlaubt, wird aus den angetrockneten Trauben auch ein spannender Süßwein vinifiziert. Davon gibt es jedoch nur wenige Fläschchen, vom Jahrgang 2012 etwa 2600 (375 ml).

Signora Maria Capretti widmet sich auf dem Familienweinberg nicht nur den Trauben, sie pflegt und hegt auch traditionelle Obstbäume, die den Weinberg einrahmen. Aus den geernteten Früchten bereitet sie köstliche Konfitüren zu. Vom Turm Mirabella des Castello hat man einen herrlichen Überblick auf den von *Slow Food* ausgezeichneten Weingarten. Wer den Weinberg besuchen oder Weine kaufen möchte, vereinbart einen Termin mit Signora Capretti.

**Vigneto Pusterla** · zwei Eingangstore an der Via Turati und der Via Pusterla 49
25010 Brescia · Termin nach Vereinbarung · Tel. 328/253 90 53 · www.vignetopusterla.com

Inmitten von Brescia gibt es einen alten Weinberg im Familienbesitz. Die dort kultivierte weiße Rebe heißt Invernenga. Die Weine daraus sind charaktervoll.

Viel gibt es zu sehen im Museo Santa Giulia in Brescia, u.a. den Sternenhimmel in der Kirche Santa Maria sowie die »Geflügelte Victoria«, eine Statue aus dem 1. Jahrhundert.

# Brescia, die schöne Unbekannte

*Brescia ist nicht Liebe auf den ersten Blick. Es braucht ein wenig Zeit, um sich in diese Stadt mit der zweitausendjährigen, faszinierenden Geschichte zu verlieben. Dann aber kommt man gerne immer wieder, und das ist auch nötig, denn es gibt viel Großartiges, Heimeliges und Charmantes zu entdecken.*

**Zweifellos ist das Museo Santa Giulia** der kulturelle Mittelpunkt dieser beeindruckenden Stadt. Auf 16 000 Quadratmetern spiegelt sich die bewegte Geschichte Brescias von der Bronzezeit bis ins vorige Jahrhundert wider. Es ist kein Museum, das man im Schnelldurchgang besucht, zu viel Schönes gibt es zu bestaunen. Da sind die leuchtenden Fresken in der Basilika San Salvatore, der Sternenhimmel an der Decke der Kirche Santa Maria und der darin befindliche, wohl größte Schatz des Klosters, das mit Edelsteinen besetzte Kreuz des Langobardenkönigs Desiderius.

Typisch für die Bürger dieser Stadt ist die Geschichte um die *Geflügelte Victoria*, eine romanische, mannshohe Bronzestatue aus dem 1. Jahrhundert, zu bestaunen im Museum. Napoleon war so begeistert von der eleganten Erscheinung, dass er sie unbedingt nach Frankreich mitnehmen wollte. Pfiffige Kunststudenten haben den schönen Engel nachgebaut und ihn Napoleon überlassen. Heute steht diese Kopie im Louvre. Aber: Es ist eben »nur« eine Kopie. Als Stätte der Macht der Langobarden wurde das Museum Santa Giulia zum UNESCO-Weltkulturerbe erklärt.

Nach den architektonischen und künstlerischen Großartigkeiten muss man innehalten. Genau für diesen Zweck gibt es im Museo Santa Giulia eine Oase der Ruhe, die man auch ohne Eintritt in Anspruch nehmen kann. Man geht im Museum rechts beim Ticketschalter vorbei, hinaus auf eine Wiese und gelangt zu römischen Ausgrabungsstücken und Sarkophagen, die zufällig beim Bau einer Tankstelle gefunden wurden. Links davon wurde ein verlockend duftender Kräutergarten mit alten Sorten angelegt! In dieser himmlischen Ruhe darf man picknicken – mitten in der Altstadt.

**Museo Santa Giulia** · Via Musei 81/b · 25121 Brescia
Mitte Juni–Sept. Di–So 10.30–19, Okt.–Mitte Juni 9.30–17.30 Uhr · www.bresciamusei.com

# 46 Herzhaft genießen in urigen Osterien

*Osterien gehören zu Brescia wie die prachtvollen Plätze, die male-rischen Arkadengänge und die Kunst und die Kultur, die man auf Schritt und Tritt entdeckt. Die Gerichte, die in den urigen Lokalen aufgetischt werden, sind deftig und schmackhaft. Dazu ein Wein der Region – was will man mehr?*

**Speisekarten sind meist Fehlanzeige,** in den meisten Osterien werden die Speisen *a voce*, also mündlich, vorgestellt. Und das mit so viel Herz-lichkeit, dass einem schon beim Zuhören das Wasser im Mund zusam-menläuft. Für Vegetarier sieht es schlecht aus, denn die lombardische Küche ist fleischlastig. Nahe dem Museum Santa Giulia, in der Via Musei 47a, liegt die Trattoria Al Fontanone, wo man mit guter Hausmannskost verwöhnt wird. Die Ruhetage (Sonntagabend und Montag) sind den Öff-nungszeiten des Museums angepasst.

Fleischesser sind in der Trattoria Mangiafuoco genau richtig, denn der Besitzer ist Spezialist, wenn es um Fleisch und Würste geht. Ein großzügi-ger Gewölberaum und der freundliche Service sorgen fürs Wohlfühlen. Das sympathische Lokal, das auch von den Einheimischen sehr geschätzt wird, liegt in der Via Calzavellia 3a (www.trattoriamangiafuoco.it). Parkplätze sind in Brescia, der Stadt mit den vielen Einbahnstraßen, Mangelware. Am besten lässt man das Auto in der Tiefgarage an der Piazza Vittoria. Von dort ist diese Trattoria nur wenige Minuten entfernt, ebenso wie die äl-teste Osteria von Brescia, Al Bianchi. Die seit der Gründung 1881 niemals veränderte Osteria liegt im Herzen der Altstadt in einer der heimeligen, mittelalterlichen Gassen, einen Steinwurf von der Piazza della Loggia ent-fernt. Franco Masserdotti und sein Sohn Michele sorgen mit ihrer offenen, herzlichen Art dafür, dass man sich sofort wohlfühlt. Die Einheimischen sind hier Stammgäste. Obwohl die *primi* und *secondi* sehr gut schmecken, sollte man Platz für die hausgemachten Kuchen lassen. Bei der Weinemp-fehlung kann man sich getrost auf Vater und Sohn verlassen.

**Osteria Al Bianchi** · Via Gaspero da Salò 32 · 25121 Brescia · 9–14.30 u. 16.30–0 Uhr Ruhetage Di, Mi · Tel. 030/29 23 28 · www.osteriaalbianchi.it

Michele erwartet mit einem Lächeln die Gäste in der ältesten Osteria der Stadt.

Das Valvestino bietet saftige Wiesen, weite Wälder und eine himmlische Ruhe.

# Saftige Wiesen, stroh-gedeckte Häuser und Stille

## 47

*Das Minidorf Magasa im Valvestino liegt etwa 45 kurvige Autominuten von Gargnano entfernt; oben auf 970 Metern angekommen, ist man in einer völlig anderen Welt. Das 145-Seelen-Dörfchen liegt wie ein Storchennest eingebettet in einer reizvollen, waldreichen Landschaft auf einer Hochebene.*

**Vorbei am Lago Valvestino, dem langgestreckten Stausee,** führt eine kurvige Straße durch dichte Wälder hinauf nach Magasa und Cima Rest. Strohgedeckte Heuschober, farbprächtige Blumen und der Duft frisch gemolkener Milch erinnern in dem Dörfchen an eine längst vergangene Zeit. Irgendwie hat man das Gefühl, hier oben ist die Zeit stehen geblieben. Obwohl es von Jahr zu Jahr mehr Gardaseebesucher sind, die dem regen Treiben am Seeufer zumindest mal für einen Tag entfliehen. Die Ruhe und Abgeschiedenheit in dieser traumhaften Bergwelt mit ihren ursprünglichen Almen und seltenen Pflanzen ist eine Wohltat für die Seele.

Neben den strohgedeckten Heuschobern aus der österreich-ungarischen Zeit ist auch das *osservatorio* (Sternwarte) der Hobby-Astronomen auf 1300 Meter Höhe sehenswert. Geschichtsinteressierte besuchen das Museo Etnografico di Rest, das sich mit der Kultur der Gegend und der Herstellung des typischen Käses, dem Tombea, beschäftigt.

Apropos Käse! Eggiolini Germano ist ein Hüter der Käsetradition im Naturpark Alto Garda Bresciano und einer der wenigen, die den einzigartigen Tombea-Käse noch so wie früher herstellen. Der Käse trägt den Namen des Berges Tombea, der Magasa mit 1950 Metern überragt. Wenn man die saftigen Wiesen auf 1600–1900 Meter Höhe sieht, weiß man, weshalb sein Tombea so natürlich schmeckt. Die Käselaibe, die er herstellt, wiegen zwischen sieben und vierzehn Kilo und reifen mindestens 120 Tage. Von diesem Nischenprodukt gibt es pro Jahr lediglich 1000 bis 1500 Laibe. Teilweise reifen die köstlichen Käselaibe bis zu sechs Jahre in natürlichen Grotten. Ein Genuss, den man sich nicht entgehen lassen sollte.

---

**Az. Agr. Eggiolini Germano** · Loc. Praa · Via Denài · 25080 Magasa · Tel. 338/871 29 19
rudinasulova@gmail.com · Infos zu weiteren Sehenswürdigkeiten auch auf Deutsch unter:
consorzio.valvestino@tiscali.it

# 48

## Fein speisen am romantischen Seeufer

*Das Lido 84 liegt zwar direkt an der Gardesana, jedoch schirmt ein herrlicher Park das schicke, am Seeufer gelegene Restaurant perfekt ab. Auf der gepflegten Terrasse zu speisen ist ein Erlebnis, aber ein unvergessliches Highlight ist es, die exquisiten Gerichte im dazugehörenden Turm zu genießen.*

**Das ist das Sahnehäubchen, wenn man zudem richtig verliebt ist!** Einem romantischen Abend steht dann nichts mehr im Wege. Der Traumplatz für ein verliebtes Tête-à-Tête! Der Genussturm befindet sich am Ende der wunderschönen Terrasse inmitten des Parks. Ab zwei und bis zu acht Personen kann man das idyllische Türmchen reservieren. Bei all der Romantik und dem absoluten Vergnügen, direkt am See zu speisen – das kulinarisch besondere am Lido 84 ist: Hier kocht der ehemalige Sternekoch Riccardo Caminini vom Fiordaliso. Die große Leidenschaft für die gehobene italienische Küche lernte der ehrgeizige junge Koch bei Gualtiero Marchesi, dem damals mit drei Michelin-Sternen gekrönten Starkoch Italiens. Nach Wanderjahren bei Sterneköchen in England und Frankreich zog es ihn wieder zurück an den Lago, wo er 16 Jahre Küchenchef im Spitzenhotel Fiordaliso war, gekrönt mit einem Michelin-Stern.

Ende 2013 beschloss der Sternekoch, seinen Traum von einem eigenen Restaurant zu verwirklichen. Wie so oft im Leben spielte der Zufall eine Rolle. Eigentlich wollte er ein Restaurant in Bergamo eröffnen, da bot ihm die Besitzerin des Lido 84 ihr Restaurant zum Kauf an. Er musste nicht lange überlegen, denn in dieses kleine Paradies war er schon lange verliebt. Seinen Bruder Giancarlo holte er mit ins Boot. Er hängte seinen Beruf an den Nagel, um ihm zur Seite zu stehen. Gemeinsam gestalteten die beiden in Windeseile dieses ansprechende Restaurantambiente und eröffneten das neue Lido 84. Was hier auf die Teller kommt, ist raffiniert, außergewöhnlich fein und auch für Genießer mit einem nicht so großen Budget bezahlbar. Romantisches Gardasee-Feeling gibt's umsonst.

**Ristorante Lido 84** · Corso Zanardelli 196 · 25083 Gardone Riviera ·
12.30–14.30 u. 19.30–22.30 Uhr, Ruhetage: Di u. Mi mittags
Tel. 0365/200 19 · www.ristorantelido84.com

Ein Traumplatz am Seeufer und eine fantastische, sternengekrönte Küche –
seit 2015 mit einem Michelinstern ausgezeichnet.

Impressionen aus dem Heller Garden in Gardone sopra

# Kunst und Kitsch oder lieber ein fantastischer Garten?

*Während das Vittoriale degli Italiani in Gardone sopra ein Pflicht-programm für Italiener zu sein scheint, ist für unseren Geschmack die bombastische Selbstdarstellung des italienischen Dichters und Nationalhelden Gabriele D'Annunzio ein wenig übertrieben. Er-holsamer ist Hellers Gartenparadies.*

**Dreihunderttausend Menschen besuchen jährlich das Vittoriale,** die-sen protzigen Museumskomplex auf dem grünen Hügel von Gardone. Aber statt sich durch die wie Kojen auf einer Antiquitätenmesse vollgestopften Räume der Villa Prioria führen zu lassen, sollte man die Besichtigung des skurrilen Parks vorziehen. Sehenswert ist sicherlich das Kriegsschiff, das der Dichter einst von der Adria mühsam hierher transportieren ließ, um es dann in den halb abgetragenen Hang hineinzuplatzieren. Am Bug dieses Kriegs-bootes kann man sich fühlen wie Leonardo DiCaprio in James Camerons Film *Titanic*. Am besten lässt man D'Annunzio sein leeres Mausoleum und erfreut sich an lauen Sommerabenden an den Aufführungen auf der Frei-luftbühne vor der grandiosen Seekulisse.

Eine Wohltat für die Seele hingegen ist die benachbarte »Musterkol-lektion der Weltgegenden«, wie André Heller seinen Garten nennt, den er 1988 vom russischen Zahnarzt Dr. Hruska übernommen hat. Ein idealer Ort, um beim Bestaunen von über 3000 Pflanzenarten aus allen Erdteilen, angereichert durch die Darstellung indischer und marokkanischer Skulptu-ren, zu entspannen. Am besten lässt man sich einfach treiben zwischen blühenden Orchideenwiesen und meterhohen Baumfarnen, erfreut sich an plätschernden Bächen und Wasserfällen und genießt die Natur und den Gesang der Vögel. Am romantischen Lago dei Poeti kann man sich in die reizenden Gartengeschichten des Künstlers vertiefen, über ein tibetisches Mandala meditieren oder seine Wünsche einem Dashi-Baum anvertrauen, hoffend, dass sie in Erfüllung gehen.

**Vittoriale degli Italiani** · Via Vittoriale 12 · 25083 Gardone · Apr.–Sept. Anlage 8.30–20,
Museum 9.30–19 Uhr · Eintritt 8–16 € · Tel. 0365/29 65 11 · www.vittoriale.it
**Giardino Botanico di André Heller** · Via Roma 2 · 25083 Gardone · März–Okt. 9–19 Uhr
Eintritt 10 € · www.hellergarden.com

# Wo Kapernsträuche aus Steinwänden wachsen

*Wenn man die Gardesana von Salò nach Gargnano fährt, steht man in den Sommermonaten meist im Stau! Man hat also genügend Zeit, die Sträucher mit oft meterlangen Zweigen und exotisch wirkenden Blüten zu sehen, die wild aus den Steinmauern wachsen. Was wird das wohl sein?*

**Es sind Kapern, die hier wild** aus den Natursteinmauern und Felsen wachsen. Kapernsträuche lieben Wärme, Trockenheit und sandige, steinige Böden – deshalb kommen die meisten Kapern von Inseln im Mittelmeer. Dort gedeihen sie am Boden, was die Ernte enorm erleichtert. An der Westküste des Gardasees, von Salò bis Gargnano, wachsen die Kapernsträuche in schwindelerregender Höhe aus hohen Steinmauern und Felsen, und das seit dem 16. Jahrhundert. Wie sie hierher kamen, weiß keiner genau. Aber seit jeher haben die Hausfrauen die Früchte gesammelt, eingesalzen und die Speisen damit gewürzt.

Gemeinsam sind wir stark, sagten sich einige Bürger von Gargnano, und haben sich zur Associazione Terre & Sapori zusammengeschlossen, um den Bekanntheitsgrad ihrer heimischen Produkte zu fördern. Neben hochwertigen Olivenölen sind es allen voran die Kapern. Signor Tavernini, der Präsident der Vereinigung, erzählt voller Begeisterung: »Um Kapern besser zu verstehen, muss man einen Kapernstrauch genauer betrachten. Man sieht aneinandergereiht kleine grüne Knospen und gleichzeitig bizzare weiß-lila Blüten, die sich, falls sie nicht geerntet werden, aus den Knospen entwickeln. Nach dem Verblühen entstehen daraus die größeren Kapernfrüchte. Die geernteten Knospen und Früchte kommen getrennt und mit Meersalz bedeckt in Schüsseln, und bleiben dort, unter regelmäßigem Schütteln, sieben Tage. Nach dem Abtropfen müssen sie noch etwa zwei Tage trocknen, bevor sie in Gläser gefüllt werden.« In vielen Feinkostläden und Restaurants von Gardone bis Gargnano kann man die feinen Kapern von Terre & Sapori kaufen.

**Informationsbüro Terre & Sapori d'Alto Garda** · Associazione di Promozione Sociale
Via Ponte 56 · 25084 Villa di Gargnano · Besuch nach Anmeldung · Tel. 331/238 65 03
www.terresapori.it

Kapernsträucher sind genügsam und tragen gleichzeitig Knospen, Blüten und Früchte.

Früher ein wichtiger Erwerbszweig an der Westküste, heute ein spannendes Museum

# Nobles Papier vom Valle delle Cartiere

*Man erzählt sich, dass ein Butler in einem feinen englischen Herrenhaus den Gast nicht der adligen Herrschaft meldete, wegen des fehlenden Stahlstichs auf dessen Visitenkarte. Mit einer Visitenkarte aus handgeschöpftem Büttenpapier vom Valle delle Cartiere wäre das sicherlich nicht passiert.*

**Das Papiermühlental von Toscolano-Maderno** lieferte bereits im 15. und 16. Jahrhundert an venezianische Druckereien. Es gibt bestätigte Dokumente dieser Produktionsstätte, die auf 1381 datiert sind. Zum wirtschaftlichen Aufschwung kam es 1470, als Gutenberg den Buchdruck erfand. Von da an konnte kein Monarch, der etwas auf sich hielt, auf das Papier und die Druckkunst der zahlreichen Papierhersteller von Toscolano verzichten. Auch die Bibelvorlage von Martin Luther trägt das geschützte Ochsenkopf-Wasserzeichen der Papierfabriken von Toscolano.

Im Centro di Eccellenza – Polo Cartiario di Maina Inferiore, so heißt das Papiermuseum, das 2007 eröffnet wurde, kann man sich heute, wo es nur noch tonnenweise in riesigen Rollen maschinell hergestelltes Papier gibt, informieren über die althergebrachte Methode: Lumpen per Handarbeit in edles Filigranpapier zu verwandeln.

Ein Museumsrundgang, der für Erwachsene wie Kinder gleichermaßen interessant ist, führt durch die Zeitgeschichte der Papierherstellung – angefangen mit den Möglichkeiten, die man im 15. Jahrhundert hatte, bis in die heutige Zeit. Von den bis zu 50 Papierfabriken, die es in der Blütezeit im Papiermühlental gab, schloss die letzte 1962, weil die aufwendige Herstellung des edlen Papiers nicht mehr rentabel war. Die großartige Stätte der Industriearchäologie ist aber absolut einen Besuch wert und vielleicht finden Sie ja im dazugehörenden Shop eine noble Visitenkarten, mit der sich alle Türen öffnen. Der romantische Weg zum Museum entlang des Wildbachs Toscolano ist ein Extraerlebnis. Ein besonderes Zuckerl an den Sommerabenden, wenn abends Musikfestivals stattfinden.

**Centro di Eccellenza** · Via Valle delle Cartiere · 25088 Toscolano-Maderno · April–Sept. 10–18 Uhr
Eintritt 6 € · Tel. 0365/64 10 50 o. 338/933 64 51 · www.valledellecartiere.it

# 52

## Himmlische Ruhe, nur das Tosen der Wasserfälle

**Man muss nicht um die Welt reisen,** um spektakuläre Natur zu erleben. Man fährt einfach hinauf nach Tignale, parkt beim Staudamm San Michele, zieht Wanderstiefel an und los geht's. Nach der Brücke links, dann über einen Bach, der im Sommer oft ausgetrocknet ist, und entlang der Beschilderungen 225, 224, 222. Wandererfahrung und Ausdauer sollte man im Gepäck haben, denn der Weg zu den Pisù-Wasserfällen zieht sich, ist aber niemals langweilig. Hat man die Spiazza-Alm erreicht, führt ein Weg entlang tosender Wasserfälle. Über den Coca-Pass wandert man zur Alm Prà Pia und folgt der Beschilderung 222 zurück zum Parkplatz.

**Informationsbüro Associazione Pro Loco** · Piazza Marconi 1 · 25010 Tremosine
9–12.30 u. 15–18.30 Uhr · Tel. 0365/95 31 85 · www.infotremosine.org

# 53

## Ein wahres Meisterwerk: Strada della Forra

**Durch die Schlucht des Sturzbaches Brasa** verläuft die enge, gewundene Straße vom See hinauf auf etwa 350 Meter zum Dorf Pieve. Ängstliche Autofahrer sollten den Weg meiden und lieber zu Fuß gehen. Aber aufpassen, denn die Einheimischen fahren diese häufig nur einspurige Strecke zügig und für passionierte Motorradfahrer ist es eine Lieblingsstrecke. Ein grandioses Erlebnis, das schon ein wenig Nervenkitzel bedeutet.

Bis zum Bau dieses Zubringers 1913 mussten die Menschen alles, was sie zum Leben benötigten, auf dem Rücken hinaufschleppen. Es war der Pfarrer von Vesio, Don Giacomo Zanini, der sich für den Bau der Verbindungsstraße vom Seehafen zu den Dörfern von Tremosine einsetzte.

**Informationsbüro Pieve di Tremosine** · Piazza Marconi 1 · 25010 Tremosine
9–12.30 u. 15–18.30 Uhr · Tel. 0365/95 31 85 · www.infotremosine.org

Wild tosend stürzen die Wildbäche im Hinterland der Westküste ins Tal.
Gute Nerven benötigen auch erfahrene Fahrer auf der Strada della Forra.

Beeindruckend ist der Blick von der Wallfahrtskirche Montecastello auf den See. Im Gotteshaus kann man auch einige Gemälde von Andrea Celesti bestaunen.

# Beten mit atemberauben-
# dem Panoramablick

*Auf der Hochebene zwischen Tignale und Limone, am Westufer des
Gardasees, thront auf einem Felsvorsprung unterhalb des Gipfels
des Monte Cas in schwindelerregender Höhe die Wallfahrtskirche
Madonna di Montecastello. Der Blick auf den Gardasee ist einfach
atemberaubend.*

**Die Kirche aus dem 17. Jahrhundert ist sehenswert,** aber einen un-
vergesslichen Eindruck hinterlässt – ob bei Pilger oder Tourist – die grandiose Aussicht. Die Felsen, auf denen die mächtige Kirche gebaut ist, ragen
fast senkrecht 700 Meter direkt aus dem Gardasee. Das von außen beeindruckende Bauwerk ist auch im Inneren sehenswert. Die Kirche wurde auf
den Ruinen eines antiken Tempels erbaut, der später in eine Burg umkon-
struiert wurde. Heute kann man die Casa Santa, einen kleinen Tempel aus
dem 9. Jahrhundert, mit dem restaurierten Fresko aus der Giotto-Schule
des 14. Jahrhunderts bestaunen. Auch Gemälde von Andrea Celesti aus
Venedig (1637–1712) sind zu sehen. Die Legende erzählt, dass dort, wo
heute die Kirche steht, ein hell leuchtender Stern zu sehen war, dessen
strahlendes Licht die Schlacht zwischen Trento und Brescia geschlichtet hat.

Auch wenn man nicht so gläubig ist, die Fahrt hinauf nach Montecastello darf man sich nicht entgehen lassen. Wer ein wenig Zeit mitbringt,
parkt das Auto in Gardola, um zu Fuß zur Kirche zu wandern. Nach dem
Besuch des Gotteshauses und einem Kaffee oder Drink im Bistro auf der
Aussichtsterrasse ist der kurze Aufstieg zum Gipfel des Monte Castello
empfehlenswert. Es sind nur etwa 20 Minuten zum Gipfelkreuz, die sind jedoch gespickt mit schönen Rastplätzen und gigantischen Seeblicken. Den
Fotoapparat sollte man nicht vergessen, vor allem bei klarem Wetter, denn
häufig trübt der typische Dunst den Blick. Man kann den gleichen Wanderweg zurückgehen, aber vor allem an heißen Sommertagen ist es ratsam,
einen Bogen um den Gipfel zu machen und durch einen schattigen Wald
mit Kastanien und Steineichen zurück zur Wallfahrtskirche zu gehen.

**Wallfahrtskirche Montecastello** · Via Chiesa · 25080 Tignale · Apr.–Okt. 9–18 Uhr
Tourismusbüro Tignale · Via Europa 5 · 25080 Tignale · Di u. Do 9–12 Uhr · Tel. 0365/733 54
www.tignale.org

# 55 Aromaintensives Olivenöl von der Hochebene

**Wer in das 500 Meter hoch gelegene Tignale am Westufer** hinauf-
fährt, hat meist Wanderstiefel dabei, da es hier zahlreiche Wanderwege
gibt, immer mit grandiosen Ausblicken auf den Benaco! Ein weiterer Grund
ist das sensationelle biologische Olivenöl der Ölmühle von Tignale. Die Oliven stammen von Bäumen, die an den Berghängen der Hochebene wachsen. Es sieht jeder Laie, dass hier nur von Hand geerntet werden kann und
dies mühevoll ist. Im modernen Verkaufsladen im Dorf gibt es neben dem
normalen auch ein spezielles Olivenöl, gemeinsam gepresst mit heimischen
Orangen. Zudem kann man sich in einem kleinen Museum informieren.

**Latteria Turnaria di Tignale** · Biologisches Olivenöl · Via Manzoni 1 · 25080 Tignale
Mo–Fr 8–19 Uhr · Tel. 0365/734 71 · latteriaturnaria.it

# 56 Traditionelle Küche mit dem gewissen Etwas

**Die Küche auf der Hochebene** war stets herzhaft und bäuerlich geprägt.
Verarbeitet wurde, was es auf dem Berg gab, und das war nicht wenig.
Zwei Köche aus Tignale, Sergio Demonti und Giorgio Demonti, haben den
heimischen Gerichten einen modernen Touch verliehen. Obwohl beide
gleich heißen, sind es zwei unterschiedliche Restaurants. Das Ristorante Il
Calderone liegt im kleinen Zentrum von Tignale und dort erwartet den Gast
ein angenehmes Wohlfühlambiente. Giorgio, der leidenschaftliche Koch
und Besitzer des Restaurants, serviert kreative Küche aus heimischen Produkten. Ähnlich köstlich ist es bei Sergio. Seit 1997 kocht er seine heimat-
liche Küche im La Mineria und erfreut mit seinen Gerichten.

**La Miniera** · Via Chiesa 9a · 25080 Tignale-Gardola · Di Ruhetag · Tel. 0365/76 02 25
www.gardaminiera.it · **Il Calderone** · Via Trento 1 · 25080 Tignale · Mi Ruhetag · Tel. 0365/730 80

In der Latteria Turnaria wird aromaintensives, biologisches Olivenöl gepresst.
Lange Wanderungen werden in den Trattorien in Tignale mit guter Küche belohnt.

Eine super Aussicht ist in Tremosine garantiert, nur schwindelfrei sollte man sein.

# Tremosine: zwischen Himmel und Wasser

*Tremosine zählt zu den zu schönsten Dörfern Italiens und über diese kulturtouristische Auszeichnung freuen sich die knapp 2000 Einwohner, die sich auf 18 Minidörfer verteilen. Hier oben vergisst man rasch den Alltag; die Ruhe und die unberührte Natur sind Balsam für die Seele.*

**Wanderer, Montainbiker, Kletterer und Tennisspieler** haben die Hochebene längst zu ihrem Lieblingsplatz am Gardasee erkoren. Mittlerweile gibt es mehr als 60 Tennisplätze und wer Wind- oder Kitesurfer ist, der fährt nach Campione, denn dort ist ihm ein beständiger Wind sicher. Auch wenn man keine Ambitionen auf Wassersport hat, vom Hauptort Pieve gibt es einen wunderschönen, nicht allzu anstrengenden Wanderweg nach Campione. Es ist eine historische Route, denn früher gingen auf diesem Pfad die Frauen tagtäglich hinunter zu ihrem Arbeitsplatz in die Baumwollfabrik Olcese, um ein Zubrot für die Familie zu verdienen. Die Männer kümmerten sich um die Landwirtschaft. Nach der Schließung der Baumwollfabrik 1981 verfielen die Häuser von Campione. Ein Investor hat nun ein luxuriöses Feriendorf daraus gemacht, das jedoch noch auf die richtigen Kunden wartet.

Dieser Arbeitsweg der Frauen ist nicht zu anstrengend und man braucht für Hin- und Rückweg lediglich drei Stunden. Mit festen Wanderschuhen startet man von Pieve aus in Richtung Vagne, um dann gleich nahe dem Haus Miro auf einem Felsvorsprung den gigantischen Blick auf das Ziel Campione und den Gardasee zu genießen. Man folgt den Beschilderungen 201, die auf einem Trampelpfad ins Tal führen. Weiter unten wird der Weg steil und man geht über Stufen, entlang einer tiefen Schlucht. In den von Wasserfällen geformten Becken ist es verlockend, ein Bad zu nehmen, aber es ist auch nicht mehr weit zum Markplatz von Campione und ans Seeufer. Nach einer Badepause geht es über den Pfad Porto/Pieve (267) und dann über eine steile Treppe hinauf zur Seeterrasse Sima Port.

**Informationsbüro Pieve di Tremosine** · Piazza Marconi 1 · 25010 Tremosine
9–12.30 u. 15–8.30 Uhr · Tel. 0365/95 31 85 · www.infotremosine.org

# Picco Rosso – der knallrote Hochprozentige

*Im kleinen, romantischen Ledrotal, wo in den Wäldern köstlichste Waldbeeren zuhauf gedeihen, überraschte der findige Apotheker Alberto Foletto seine Kunden 1940 mit einem leuchtend roten, hochprozentigen Likör aus Himbeeren und Erdbeeren, der die traurigen Kriegsjahre erträglicher machte.*

**»Picco Rosso« heißt das Ergebnis einer pharmazeutischen Forschung.** Bereits die Vorfahren der Familie Foletto, die Anfang des 19. Jahrhunderts an den hintersten Zipfel des Ledrosees, nach Pieve, kamen, waren Apotheker und experimentierten mit Kräutern und Früchten. Achille Foletto war es, der 1940 aus vollreifen Himbeeren, Walderdbeeren und einem kleinen Geheimnis einen hochprozentigen Likör braute. Nicht nur die verlockende Farbe und das intensive Fruchtaroma, sondern auch die verdauungsfördernde Wirkung des Picco Rosso verhalfen ihm zum Erfolg. Likör ist sicherlich eine etwas fragewürdige Bezeichnung für ein Getränk mit 61 Prozent Alkohol, aber wenn's hilft und schmeckt?

Ein Ausflug ins Ledrotal lohnt aber nicht nur wegen des Picco Rosso und der unberührten Landschaft. Ein besonderes Erlebnis ist ein Besuch im Museo Achille Foletto. Die Geschwister Annamaria, Chiara und Alberto haben 2011 ein nicht nur für pharmazieinteressierte sehenswertes Museum in Pieve eröffnet. Neben wunderschönen Arzneimittelschränken und alten Gefäßen gibt es natürlich die ersten Destillierapparate zu sehen und alles Drumherum, was man benötigt, um Arzneimittel, Tinkturen und selbstverständlich Hochprozentiges herzustellen.

Es ist ratsam, von dem roten Likör nicht allzu viel zu probieren, denn der hat es wirklich in sich! Um wieder einen klaren Kopf zu bekommen, ist eine Abkühlung im klaren, tiefblauen Ledrosee genau das Richtig. In Pieve di Ledro findet sich der größte Badestrand am See und das Wasser hat Trinkwasserqualität. In den umliegenden Trattorien gibt es gute, bodenständige Küche.

**A. Foletto di Foletto Alberto** · Museo del Laboratorio Farmaceutico Foletto · Via Cassoni 3
38067 Pieve di Ledro · Eintritt frei · Öffnungszeiten s. www.museofoletto.com

Dieser rote Likör hat es in sich – neben beerigen Aromen 61 Prozent Alkohol.

Der stete und kräftige Wind lockt zu jeder Jahreszeit Surfer an die Westküste.

# Surfen, Segeln und Sonnen auf der Hungerwiese

*»Prà de la Fam« heißt übersetzt »Hungerwiese«. So heißt das Kite-, Surf- und Badeparadies in Tignale! Auch wenn es verwundert, denn jeder Gardaseeliebhaber weiß, dass Tignale auf der Hochebene über dem See liegt. Die Gemeinde verfügt über einen Hafen und einen kleinen Badestrand.*

**Es war einmal ein geschützter Hafen am Gardasee,** so könnte die Geschichte der Hungerwiese beginnen. Man muss wissen, dass der Gardasee in früheren Zeiten eine wichtige Nord-Süd-Verbindungsstrecke war und daher stark von Transportschiffen frequentiert wurde. Bei starkem Wind und Wellengang suchten die Bootsleute in diesem Hafen an der Westküste Schutz. Oft mussten sie tagelang ausharren, bis sich der Sturm wieder beruhigt hatte. Man vermutet, dass ihnen oftmals der Proviant ausging und sie deshalb den Hafen und den Küstenstreifen so nannten.

Heute muss hier keiner mehr hungern: Am Strand von Tignale gibt es eine kleine Bar. Man mietet sich Strandliegen und Sonnenschirme und kann dann das wilde Treiben der Surfer und Kitesurfer auf dem stürmischen See beobachten. Für alle, die Wind für ihren Sport benötigen, ist das der optimale Platz. Es ist der Hotspot für Surfer, Kitesurfer, Segler und Taucher.

Wer nicht auf der Westseite Urlaub macht, fahrt garantiert an diesem idyllischen Platz vorbei, weil er direkt hinter dem Tunnel liegt, wenn man von Süden kommt. Bevor man sich wieder ans Sonnenlicht gewöhnt hat, ist man schon vorbeigefahren. Dieser Tunnel hat aber den Vorteil, dass man in Tignale vom Straßenlärm weitgehend verschont bleibt.

Gleich hinter diesem paradiesischen Kiesstrand befindet sich das B&B Torre degli Ulivi, ein schmuckes Gästehaus mit fünf Zimmern, die alle sehr stilvoll eingerichtet sind. Rund um das einsam stehende Haus gibt es Natur pur: schattige Olivenbäume, mediterrane Pflanzen, eine Orangerie und eine sonnige Terrasse mit Blick auf den See. Eine himmlische Ruhe, die nur vom Rauschen des Sees unterbrochen wird.

Öffentlicher Badestrand **Prà de la fam** · 25080 Porto di Tignale · Via Gardesana Occidentale
**B&B Torre degli Ulivi** · Via Gardesana Occidentale · 25080 Porto di Tignale/Loc. Prà de la Fam
Tel. 339/479 98 34 · www.torredegliulivi.it

# Limone, Limonaia, Limes?

*Limone, der letzte Ort der Lombardei, bevor das Trentino beginnt, gehört zu den meistfrequentierten Dörfern am Gardasee. Weil hier seit jeher Limonen angebaut wurden, vermutete man, dass Limonen der Namensgeber waren. Aber falsch gedacht! Der Ortsname »Limone« leitet sich von »limes«, dem lateinischen Wort für Grenze, ab.*

**Die Limonaia del Castèl ist ein sehenswertes Freiluftmuseum,** das einen anschaulichen Einblick gewährt in die anstrengende Arbeit in den Zitronengewächshäusern, als Gardaseezitronen noch Hochkonjunktur hatten. Im 19. Jahrhundert boomte der Handel mit den aromatischen Zitronen vom Gardasee. Es entstanden immer mehr Säulenreihen entlang der Felswände, die das Bild der Küste prägten. In den Wintermonaten wurden die Zitrusbäume mit einer Holzverkleidung geschützt. Diese mühevolle, nicht ganz ungefährliche Arbeit an den Steilhängen wurde unrentabel, weil die Zitronen aus den südlicheren Regionen wegen der immer schneller werdenden Transportwege viel günstiger angeboten wurden. Nach und nach verfielen die Zitronengewächshäuser und wurden zu Ferienwohnungen oder Geräteschuppen umfunktioniert. Vor einigen Jahren hat man endlich begonnen, die terrassenförmig angelegten Limonengärten zu rekonstruieren, nicht zuletzt deshalb, um dem Namen Riviera dei Limone wieder gerecht zu werden.

In der Limonaia del Castèl, einem rekonstruierten Zitronengarten aus dem 17. Jahrhundert, kann man zwischen 70 unterschiedlichen Sorten von Zitrusbäumen spazieren und sich am unglaublichen Duft der Blüten und Früchte erfreuen. Technikfreaks wird das Bewässerungssystem aus dem 18. Jahrhundert besonders interessieren. Noch heute fließt das Wasser vom Wildbach San Giovanni durch den Calmèta-Kanal und versorgt die Bäume. Ein besonderes Highlight sind die »Notte sotto le stelle«, die mehrmals im Jahr stattfinden. Dann ist die Limonaia bis Mitternacht geöffnet und man spaziert durch den duftenden Zitronengarten.

**La Limonaia del Castèl Limone** · Via IV Novembre · 25010 Limone sul Garda · Tel. 0365/95 40 08
Öffnungszeiten u. Eintritt s. www.visitlimonesulgarda.com

Von der Limonaia del Castèl in Limone hat man einen wunderschönen Blick auf Limone und den See, begleitet vom Duft reifer und blühender Zitronen.

Es gibt sie tatsächlich: ruhige Gassen mit alten Häusern in Riva del Garda.

## 61

# Riva ohne Touristenshops und Menschenscharen?

*Riva ist ein Touristenmagnet, nicht zuletzt, weil das Städtchen am obersten Zipfel des Gardasees ein architektonisches Kleinod ist. Der leicht schiefe Uhrturm Torre Apponale überragt mit seinen 34 Metern die von der K. u. K.-Zeit geprägten Häuser und die engen, stets stark frequentierten Gassen.*

**Parallel zur Tourimeile Via Fiume,** in der sich Souvenirshops mit Modegeschäften, Bars und Restaurants abwechseln und sich von morgens bis abends Besucherscharen durchschlängeln, liegt die Via del Marocco. Biegt man am Ende der Piazza 3 Novembre, dem pulsierenden Mittelpunkt von Riva mit den schattenspendenden Arkaden, in diese schmale Gasse ein, gelangt man in eine Oase der Ruhe. Bunt bemalte Häuser – in gelb, blau und orange – säumen den Kopfsteinpflasterweg, schön anzusehende Holztüren und liebevoll gepflegte, winzige Balkone oder traditionelle Hauseingänge lassen sofort erkennen, dass dies eine echte Wohngegend ist. Kein Hotel, kein Kitschladen stört diesen Pfad der Stille, nur dann und wann erhascht man durch ein enges Gässchen einen Blick auf die belebte Via Fiume. Quartiere del Marocco heißt das begehrte Wohnviertel und man vermutet, dass der Name auf einen Steinhaufen zurückzuführen ist, der hier von der Rocchetta, dem 1575 Meter hohen Berg über Riva, heruntergestürzt ist. Der Fußweg durch die schön anzusehenden Häuser endet an einem reizenden Platz mit dem eleganten Bischofspalais, dem Palazzo Vescovile aus dem 12. Jahrhundert, heute eine noble Wohnanlage. Gegenüber findet sich eine kleine, San Rocco geweihte Ädikula, eine kleine antike Nische mit der Figur des Heiligen Rocco, eingelassen in einem orangefarbenen Haus. Gleich daneben kann man unter einem überdachten, ehemaligen Waschplatz das Flair der Contrade Marocco auf sich wirken lassen, bevor man über den Slargo del Pozzo, eine kleine *piazzetta* mit einem sehenswerten Brunnen aus dem Jahre 1822, wieder zurück ins Menschengetümmel gelangt.

**Leon d'Oro** · Via Fiume 28 · 38066 Riva del Garda · durchgehend von mittags bis abends warme Küche · Tel. 0464/55 23 41 · www.leondororiva.it · Informationen über Riva: Ingarda Trentino Infobüro L.go Medaglie d'Oro 5 · Tel. 0464/55 44 44

# 62

# Das pittoreske Nordufer und seine Dichter

*Obwohl sich das Wort Tourismus vom französischen »Grand Tour«, der obligatorischen Reise der Söhne des europäischen Adels, ableitet und im 18. Jahrhundert in England seine Höchstform erreichte, war es J. W. von Goethe, der mit seiner »Italienischen Reise« eine ungeahnte Reisewelle zum Gardasee auslöste.*

**Goethe wird zu Recht als Erfinder des Italientourismus bezeichnet.** Während auf den Bildungsreisen der High Society des 18. und 19. Jahrhunderts auf der Route Venedig – Florenz – Rom der Gardasee noch links liegen gelassen wurde, änderte sich das nach Goethes Versen »Kennst du das Land, wo die Zitronen blühn«. Auf seiner Reise nach Verona machte er zuerst in Torbole Halt, wo er von der natürlichen und sorglosen mediterranen Lebensart überaus begeistert war. Hier nahm er auch die bereits begonnene Arbeit an seinem Drama *Iphigenie auf Tauris* wieder auf, in einem Zimmer mit Seeblick, weit weg vom tristen Weimar.

Ein regelrechter literarischer Gardasee-Boom entstand, nachdem der Wiener Arzt Christoph Hartung von Hartungen in Riva ein Sanatorium eröffnet hatte, das zwar als Lungensanatorium bekannt war, sich aber vorwiegend mit der Psyche seiner berühmten Patienten beschäftigte. Das Sanatorium von Hartungen war Treffpunkt zahlreicher Schriftsteller, Künstler, Wissenschaftler und Aristokraten. In Riva, Arco und Torbole entstand eine literarische Szene deutscher Dichter. Abwechselnd dichteten und philosophierten hier Rainer Maria Rilke, Friedrich Nietzsche, Thomas und Heinrich Mann sowie Franz Kafka.

Kafkas bekanntes Märchen vom *Jäger Gracchus* (1917), das einen Toten beschreibt, der nicht zur Ruhe kommt, beginnt an der Hafeneinfahrt von Riva: »Eine Barke schwebte leise, als werde sie vom Wasser getragen, in den kleinen Hafen …« Heute warten an dieser Stelle Youngsters aus aller Welt auf die »ora«, den pünktlich einsetzenden Nachmittagswind, um sich auf ihren Surfbrettern hinaus auf den See tragen zu lassen.

---

**Spaziergang auf Kafkas Spuren mit Prof. Farina** · deutschsprachig
Termine und Anmeldung: Ingarda Trentino · L.go Medaglie d'Oro 5 · 38066 Riva del Garda ·
Tel. 0464/55 44 44 · www.visitgarda.com

Schon Goethe liebte den Gardasee, Malcesine dankt ihm dafür mit dieser Büste.

Wanderweg vom Pregasina-Tunnel nach Riva, mit Blick auf Riva

Verwinkelte Gassen, alte Steinhäuser und dazwischen kleine Kunstwerkstätten

# Verträumtes mittelalterliches Künstlerdorf

## 63

*Das zauberhafte mittelalterliche Künstlerdorf Canale, wenige Kilometer von Riva entfernt, ist fast noch im Originalzustand erhalten und zählt zu den schönsten Dörfern Italiens. Das Urtümliche und Unverfälschte hat im Laufe der Jahre viele Künstler angelockt, die dem Kleinod wieder Leben eingehaucht haben.*

**Häuser aus Bruchsteinen, enge Gassen, Gewölbedurchgänge** und die typischen Holzbalkone des Trentino, auf denen auch heute noch die frisch geernteten Maiskolben zum Trocknen aufgehängt werden, prägen den Charakter des Minidorfes. Kunstmaler, Musiker, Bildhauer, Töpfer und Schriftsteller haben sich hier oben – 600 Meter über dem Gardasee – niedergelassen oder verbringen zumindest einen Teil ihrer Zeit in Canale. Sie lassen sich inspirieren von der idyllischen Landschaft, dem Traumblick auf den Gardasee, der Stille des Bergdorfs (vor allem abends, wenn die Besucher wieder am Ufer des Gardasees weilen) und dem geselligen Beisammensein Gleichgesinnter.

Die Casa degli Artisti (»Künstlerhaus«), dem Maler Giacomo Vittone gewidmet, ist der kulturelle Mittelpunkt. Giacomo Vittone (geboren in den 60er-Jahren) radelte von Riva hinauf nach Canale und begann Ausstellungen, Kurse und Seminare zu veranstalten. Zugleich bot er den teilnehmenden Künstlern die Möglichkeit zur Übernachtung. So entwickelte sich im Laufe der Zeit in den alten Gemäuern eine Stätte der Kultur.

Wer gerne selber zum Pinsel greifen möchte kann hier Aquarell- und andere Malkurse belegen, aber auch Töpfern, Fotografieren, Tanzen und anderes mehr lernen. Zudem finden das ganze Jahr über Ausstellungen bekannter und weniger bekannter Künstler statt. Im Sommer wird von den Bewohnern ein mittelalterliches Fest mit Gesängen und Tänzen veranstaltet. Während dieses sommerlichen »Rustico Medioevale« kann man sich mit typischen mittelalterlichen Gerichten stärken und dazu die Weine der Region genießen.

Casa degli Artisti Giacomo Vittone · Borgo Medioevale di Canale · La Piazzetta di Canale
38060 Tenno · Museum Apr.–Okt. 10–12.30 u. 14–18 Uhr, Mo Ruhetag · Eintritt frei
Tel. 0464/50 20 22 · www.visittrentino.it

# 64

# Smaragdgrüner See und unberührte Natur

*Bereits beim Hinuntersteigen zum Badesee Lago di Tenno glaubt man den Prospekten, die darauf hinweisen, dass der See zum saubersten Bergsee Italiens erklärt wurde. Wer mal abseits des quirligen Gardaseeufers einen entspannten Bade- und Wandertag erleben möchte, der ist hier richtig.*

**Fast kitschig smaragdgrün leuchtet der Minisee** und lädt zum Baden oder Sonnen ein. Er entstand auf natürliche Weise, nämlich durch einen enormen Erdrutsch, der sich vom 1100 Meter hoch gelegenen Cima Salti löste. Die Geröllmassen blockierten den Lauf des Flusses Rio Secco, das Wasser staute sich und der Lago di Tenno war geboren. Hübsch ist die kleine Insel im südlichen Teil des Sees, zu der man hinüberschwimmen kann, um die üppige Vegetation zu bewundern. In heißen Sommern, wenn der See einen sehr niedrigen Wasserstand hat, taucht eine zweite Miniinsel auf, die Isola del 86, benannt nach dem Jahr der ersten Entdeckung. »Wenn ihr mich seht, werdet ihr weinen«, war damals als Mahnung auf ein Schild geschrieben worden. Bislang wurde sie lediglich 2003 wieder gesichtet, in dem Jahr der großen Hitze und Trockenheit.

Nur 30 Minuten Fußmarsch auf einem nicht sehr schwierigen Wanderweg – mit fantastischen Ausblicken auf den See und die Trentiner Berge –, und man ist im Künstlerdorf Canale (s. S. 124). Ein kleines Stückchen weiter auf dem Weg in Richtung Calvola kommt man an der sehenswerten Skulptur *Alla Vicinia* vorbei. Sie stellt vier Männer dar, die sich angeregt unterhalten, man vermutet über die Belange des Dorfes. Die nächste Etappe ist das Dörfchen Calvola, das sich an den Berghang von Calino schmiegt und wie Canale zu den am besten erhaltenen mittelalterlichen Dörfern in Italien zählt. Sehenswert ist die Kirche San Giovanni Battista, die 1537 errichtet wurde, man vermutet jedoch aufgrund der Fresken im Innern, dass sie aus einer früheren Epoche stammt. Die Kirchenfassade schmückt eine Madonna aus dem 16. Jahrhundert.

Informationsbüro InGarda · 38060 Tenno, Lago di Tenno · Juni–Sept. 10–16 Uhr
Tel. 0464/50 21 53 · www.gardatrentino.it

Fast kitschig smaragdgrün leuchtet der Lago di Tenno, eingerahmt von Wäldern.

In den Fässern reifen die Weine für einen guten Aceto nach Balsamico-Methode.

# Traumblick und Hausgemachtes

## 65

*Schon der Name »Acetaia« verrät, dass hier Essig gemacht wird. Aber nicht irgendein Essig, sondern ein extrafeiner nach der Balsamico-Methode! Das ist aber längst nicht alles. Es gibt noch eine moderne Käserei, eine Metzgerei und die hauseigenen Oliven und Trauben werden zu Öl und Wein verarbeitet.*

**Das alles wird im dazugehörigen Restaurant** zu köstlichen Gerichten verarbeitet. Aber nicht nur kulinarisch ist die Essigmanufaktur eine Empfehlung wert. Das Faszinierende ist die enorme Glasfront im Speisesaal, die einen göttlichen Blick auf Riva und den Gardasee ermöglicht. Die Tische sind ansprechend gedeckt, auf weitere Deko wurde bewusst verzichtet, denn bei der atemberaubenden Aussicht würde das nur stören. Lediglich einige Essigfässer, in denen der Balsamico reift, weisen den Gast darauf hin, was hier kulinarisch im Mittelpunkt steht. Erwähnenswert ist noch, dass das Fleisch von Tieren aus nächster Nähe stammt, ebenso wie das Gemüse und Obst. Rund um das an den steilen Berg gebaute, moderne Gebäude gedeihen Olivenbäume mit dank der Höhe besonders aromatischen Früchten. Um die schonende Pressung und Verarbeitung kümmert sich Massimo Azzolini, der Olivenölexperte und Önologe vom Weingut Madonna delle Vittorie. Da ist es naheliegend, dass auch die hauseigenen Trauben von diesem Experten gekeltert werden. Lediglich vier Rebsorten gibt es: Gewürztraminer, Rebo, Cabernet Sauvignon und Merlot. Allesamt optimale Begleiter zu Käse und den daraus hergestellten Gerichten.

Weil es so gut schmeckt und der Wein mundet, möchte man eigentlich nicht mehr die kurvige Straße hinunter nach Riva fahren. Muss man auch nicht, wenn man rechtzeitig eines der vier wunderschönen und modern ausgestatteten Zimmer gebucht hat. Jedes Zimmer hat eine riesige Fensterfront mit Wahnsinnsblick auf den See. Zum Baden muss man nicht zum See runterfahren, denn gleich neben den Appartements ist ein einladendes Schwimmbad – mit dem See im Visier.

**Acetaia** · Strada San Zeno 2 · 38060 Cologna di Tenno · nur abends geöffnet, Sa, Sonn- u. feiertags auch mittags, Mo Ruhetag · Tel. 0464/55 00 64 · www.acetaiadelbalsamico.it

# Bäume aus aller Welt in einer Oase der Stille

*Ganz Arco ist ein wunderschönes Pflanzen- und Blumenparadies. Durch welche Gassen oder über welche Plätze man auch schlendert, überall leuchtet die bunte, faszinierende Blumenpracht; riesige Palmen und andere Bäume aus fernen Ländern erfreuen und erstaunen die Besucher zugleich.*

**»Parco Arciducale ›Arboretum‹«** heißt der weitläufiger Park in Arco, der eigentlich ein lebendiges botanisches Museum ist. Angelegt hat diese eindrucksvolle Gartenanlage Erzherzog Albert von Österreich im Jahre 1873. Es ist ein reines Vergnügen und eine Wohltat für die Seele, durch diesen Baumgarten zu spazieren und die vielen Eindrücke auf sich wirken zu lassen. Mehr als 200 verschiedene Pflanzen und Sträucher gibt es zu bestaunen. Beeindruckende Monterey-Zypressen, Steineichen und einen der ältesten Mammutbäume Europas.

Da man, ist man kein Botaniker, meist nicht weiß, welche Pflanze oder welchen Baum man gerade bewundert, ist der ganze Parcours nicht nur ansprechend beschildert, es gibt auch weiterführende Informationen, z.B. über die Eigenheiten der Pflanze. Rekonstruierte Mini-Naturlandschaften zeigen die Herkunftsgebiete vieler subtropischer Pflanzen und zudem gibt es natürliche Lebensräume zum Innehalten und Entspannen, wie etwa die Orangerie, die üppigen Ginsterhänge oder die Biotope.

Zauberhaft ist ein Naturteich mit Seerosen, umschwirrt von Libellen, und rundherum genießen zahlreiche Schildkröten die wärmende Sonne. Die vielen Bänke bieten dem Betrachter die Möglichkeit, sich in dieser Stille, inmitten dieser einzigartigen Natur, zu entspannen. Von einer dieser Bänke bietet sich ein herrlicher Blick auf die Burg von Arco und man beginnt an die Dichter und Künstler zu denken, die sich in Arco wohlfühlten und sich hier von so manchem Wehwehchen erholten. Damals wie heute ist es insbesondere dieses milde Klima, das die Pflanzen üppig gedeihen lässt, die dann wiederum Balsam für unsere Seele sind.

Parco Arciducale »Arboretum« · Via Lomego · 38062 Arco · Apr.–Sept. 8–19, sonst bis 16 Uhr
Tel. 0464/58 36 36

Goldfische tummeln sich im Teich und Schildkröten nehmen darin ein Sonnenbad.

# Literarischer Spaziergang mit Rainer Maria Rilke

*Während der junge Rainer Maria Rilke seine in Arco zur Kur weilende Mutter besuchte, verbrachte er seine freie Zeit mit ausgedehnten Spaziergängen durch Olivenhaine. Man erzählt sich, dass ihn Arco inspirierte, Gedichte zu schreiben und heute dankt es ihm die Stadt mit einer poetisch geprägten Rilke-Promenade.*

**Etwa drei Stunden benötigt man für den literarischen Spaziergang** auf den Spuren des Dichters, der zwischen 1897 und 1899 hier mehrfach seine Mutter besuchte. Die Rilke-Promenade beginnt an der Eremitage San Paolo, einem Kirchlein aus dem 12. Jahrhundert. Gleich zu Beginn kann man einen Brief, den Rilke an Mathilde N. Goudstikker am 23.3.1897 geschrieben hat, lesen. Weiter führt der Weg über die Sarca-Brücke in den östlichen Teil der Stadt, wo man auf der Piazza di S. Giuseppe das erste einer Reihe von Gedichten, die an den verschiedenen Stationen der Tour

Entlang der Rilke-Promenade bieten sich zauberhafte Ausblicke auf Arco.

bereitliegen, lesen kann. Verfasst hat der Poet es am 19.3.1897. Am Fuße des Burgfelsens hat man einen herrlichen Blick über die Dächer von Arco, auf den Fluss Sarca und hinüber nach Riva und Torbole. An der Station »Die Dächer von Arco« ist das Gedicht *Weißt du* zu lesen. Weiter geht es durch die Olivenhaine der Burg mit dem Gedicht *Ich weiß ein graues Schloss* zum Castello, das man natürlich besuchen kann, aber wo man auch einfach das Gedicht *Wir standen Hand in Hand* auf sich wirken lassen kann. Über Santa Maria di Laghel und vorbei am Parco Arciducale geht's zur Moritzruhe. An jeder der Stationen liegt für den Wanderer eines von Rilkes Gedichten, die er hier verfasst hatte, bereit. Falls man die Tour mit einem Führer geht, was sicherlich sehr unterhaltsam ist, werden die Gedichte natürlich vorgetragen. Weiter geht der entspannende poetische Spaziergang zu den Mühlen und dort endet der Rundgang mit einem Zitat aus einem Brief an Mathilde Goudstikker: »Du müde, morsche Mühle, dein Moosrand feiert Ruh, aus der Olivenkühle schaut dir der Abend zu. Der Bach singt wie verloren Menschenlieder nach, tiefer über die Ohren ziehst du dein trutziges Dach. Und dank nun für Ihr Führen durch Arcos junge Wunder, Sie, Liebe!«

**Rilke-Promenade auf den Spuren von R. M. Rilke** · Info und Anmeldung bei Ingarda Trentino
Viale delle Palme 1 · 38062 Arco · Tel. 0464/55 44 44 · www.gardatrentino.it

In der urigen Trattoria Belvedere wurde – so hört man – die »carne salada« erfunden. Damals hat man es jedoch nicht, wie heute, als Carpaccio verzehrt.

# Das Geheimnis von *carne salada*

*»Carne salada«, so heißt das eingelegte Rindfleisch, das im Trentino eine sehr lange Tradition hat. Heute steht es auf fast jeder Speisekarte, längst nicht nur im Trentino, sondern rund um den Gardasee und in ganz Italien. Dennoch, das Original stammt aus der Gegend zwischen Riva und Arco.*

**Das gepökelte Rindfleisch wird unterschiedlich aufgetischt.** Ob dünn aufgeschnitten als Vorspeise, mit feinem Olivenöl beträufelt und mit Parmesanspänen bestreut, gegrillt oder gekocht als Hauptgericht, ausschlaggebend ist die Qualität des Fleisches. Natürlich spielt auch die – stets geheime – Mischung von Salz und Kräutern eine wesentliche Rolle. Signora Silvia vom Ristorante Belvedere ist hundertprozentig überzeugt – und mit ihr die vielen Stammgäste –, dass es bei ihr am besten ist, weil es, so erklärt die resolute Dame, in diesem geschichtsträchtigen Wirtshaus erfunden wurde. Im Belvedere wird nur das Fleisch von einem nahegelegenen Bauernhof verwendet. »Wichtig ist«, erklärt die Signora, »dass man sorgfältig alle Sehnen- und Fettteile entfernt. Anschließend wird das Fleisch mit einer Mischung aus Salz, Kräutern und Gewürzen bestreut, in einen Steintopf geschichtet, wo es 2–3 Wochen reift. Das Rezept für die Marinade hat mir meine Mama vererbt.«

Obwohl man heute *carne salada* folienverschweißt in vielen Supermärkten bekommt, der geschmackliche Unterschied zur echten Tradition ist enorm! Zwischen Riva, Torbole und Arco gibt es noch weitere gute Trattorien, die für *carne salada* bekannt sind, wie das Pie di Castello oder das Acetaia, beide auf dem Weg zum Tennosee.

Erstmals erwähnt wurde *carne salada* 1274 in den Statuten von Riva. Die Baronesse Giulia Turco (1848–1912) beschrieb in einem Kochbuch die Herstellung, aber bereits viel früher, nämlich 1671, schrieb Michel Angelo Mariani in seinem Buch über das Trentinische Konzil über dieses typische und köstliche Fleisch aus dem Trentino.

**Trattoria Belvedere** · Via Serafini 2 · Loc. Varignano · 38062 Arco · Mi Ruhetag, im Sommer vorher anrufen · Tel. 0464/51 61 44 · www.trattoriabelvedere.it

# 69 Das Grappadorf Santa Massenza

*Ein feiner Grappaduft liegt in der Luft, besonders im Spätherbst und Winter, wenn die kleinen Brennereien die frisch angelieferten Trestern brennen. Derzeit gibt es nur noch fünf aktive Destillerien im 150-Seelen-Dorf, bis in die 30er-Jahre des vergangenen Jahrhunderts waren es einmal dreizehn.*

**Das »Nizza von Trentino« nannte man das kleine Dorf,** das war bevor 1952 das Wasserkraftwerk in Betrieb genommen wurde. Damals war der kleine Massenzasee noch smaragdgrün und die Wassertemperatur einladend zum Baden. Die Trentiner kamen sonntags zum Baden an den See, abends wurde gut gegessen und damit die deftigen Gerichte nicht zu schwer im Magen liegen, gab es Grappa.

So wichtig der dort erzeugte Strom für die Bevölkerung im Valle dei Laghi (»Tal der Seen«) auch ist, die romantische Schönheit des Dorfes mit dem gleichnamigen See litt ein wenig darunter. Eines hat sich jedoch nicht geändert, die Liebe der Bewohner zum Grappabrennen. Santa Massenza ist das Dorf mit der höchsten Konzentration von Brennereien in Italien.

Fährt man von Trento auf der Landstraße nach Riva, liegt das Dörfchen, ein wenig versteckt, kurz vor dem Lago Toblino auf der rechten Seite. Ein Stopp lohnt, denn das ein wenig verschlafene Dorf hat seinen Reiz. Dass hier nur wenige Autos die Straßen passieren, sieht man alleine daran, dass in den Ritzen des Kopfsteinpflasters das Gras wächst. Man parkt das Auto am besten vor dem *piccolo centro* und spaziert zu Fuß weiter von einer kleinen Brennerei zu nächsten. Alle, bis auf die Brennerei Maxentia, heißen Poli: mal Casimir, mal Giovanni, mal Giulio und Mauro und mal Francesco. Überall darf verkostet und natürlich auch gekauft werden. Richtig was los ist im sonst ruhigen Dorf in der «Nacht der Brennkolben» Anfang Dezember. Dann mischt sich der aromatische Duft frisch gebrannten Grappas mit den Aromen von Weihnachtplätzchen. In einer ehemaligen Brennerei befindet sich heute die heimelige Osteria Dal Lorenzin.

**Grappabrennereien entdecken beim Spaziergang durch das Minidorf**
Fraz. Santa Massenza · 38070 Vezzano

Giovanni Poli, einer der vielen Brenner im Grappadorf Santa Massenza im Valle dei Laghi.
Seine Grappe sind im weiten Umkreis begehrt.

Giovanni und Erica in ihrem geschmackvoll restaurierten Haus aus dem 14. Jahrhundert, heute ein Genießerrestaurant. Köstlich: die Gnocchi mit Stockfisch

# Der Biogarten auf tausend Meter Höhe

*Die Val di Gresta ist eigentlich kein Tal, wie man es sich vorstellt, sondern vielmehr eine Art Amphitheater, das terrassenförmig angelegt ist und von Wäldern und Bergen umrahmt wird. Dank des milden Klimas und der Abgeschiedenheit hat sich hier der biologische Gemüseanbau bestens entwickelt.*

**Auf dem Weg von Rovereto nach Torbole** biegt man in Loppio rechts ab. Eine gut ausgebaute Serpentinenstraße führt gesäumt von Apfelbäumen und Weinreben hinauf nach Ronzo Chienis, dem Hauptort des Val di Gresta. Das Landschaftsbild ändert sich, je weiter man nach oben kommt. Felder mit Wirsing- oder Kohlköpfen, Lauchstangen, Zwiebeln und Kartoffeln tauchen auf. Jeder Hobbygärtner versteht sofort, dass das Gemüse auf fast 1000 Meter Höhe ohnehin kaum einer Umweltbelastung ausgesetzt ist. Diese Grundvoraussetzung veranlasste die Bauern von Val di Gresta, sich bereits vor vielen Jahren intensiv mit biologischem Anbau zu beschäftigen. Das landschaftlich beeindruckende Tal ist geschützt von der Bondone-Stivo-Bergkette, was nicht nur für den florierenden Gemüseanbau ideal ist, sondern auch für Wanderer, die hier Touren in allen Schwierigkeitsgraden vorfinden.

Giovanni Benedetti hat sich überlegt, dass er hier oben alles bekommt, was er für eine kreative und gesunde Küche benötigt. Was lag also näher, als nach vielen Wanderjahren als Koch in die Heimat zurückzukehren. Er baute das Bergbauernhaus seiner Eltern aus dem 14. Jahrhundert um in ein Restaurant mit einem kleinen, aber feinen B&B. Die Harmonie zwischen alt und modern ist ihm und seiner Frau Erica bestens gelungen: ein perfekter Mix aus wohltuender Leichtigkeit und gelebter Geschichte des Hauses. Ebenso begeisternd ist das, was hier aufgetischt wird. Obwohl alles aus heimischen Produkten zubereitet wird, eine deftige Bauernküche gibt es im Antica Gardumo nicht. Jedes Gericht hat individuelle Raffinesse, wobei die Natürlichkeit der Produkte im Vordergrund steht.

**Antica Gardumo** · Via ai Piani 1 · 38060 Ronzo Chienis · Ruhetag im Sommer Mo, im Winter Mo, Di · Tel. 0464/80 28 55 · www.anticagardumo.it

# 71

## Gleichgewicht zwischen Geist und Körper

*Wenn es der Wettergott am Gardasee mal nicht so gut meint, geht man einfach in den Parco Aquardens, Veronas Therme im Valpolicella – zum Relaxen und um sich was Gutes für die Gesundheit zu gönnen. Baden in einer Welt voll Musik oder Regenerieren im Fluss des Wohlbefindens.*

**Grotten, Lagunen, Wasserfälle und Becken** mit unterschiedlichem Heilwasser laden in dieser herrlichen Anlage am Rande der sanften Weinhügel der Valpolicella, nur wenige Kilometer vom Gardasee entfernt, zum Entspannen ein. Mit einer Temperatur von 47 Grad kommt das salz-, brom- und jodhaltige Wasser aus einer Tiefe von 130 Metern. Seit 2005 ist es offiziell als Heilwasser anerkannt und seit 2012 kann man hier in ansprechender Umgebung alles genießen, was dem Wohlbefinden dient. Braucht die Beziehung zum Partner mal eine kleine Auffrischung? Probieren Sie es mit dem »Private SPA« für Paare. Im Dampfbad oder der finnischen Sauna werden vier Themenparcours – Musik, Farbe, Düfte und prickelnde Massagen – in einem Jacuzzi für zwei Personen kombiniert. Dieses Wohlfühlritual endet mit einer Ruhephase auf einem bequemen Wasserbett für zwei Personen, umhüllt von duftendem Wasserdampf. Eine wunderbare Auffrischung des Ehealltags.

Wer seinen Körpers regenerieren oder Beschwerden lindern möchte, ist im medizinischen Bereich dieser riesigen Thermenanlage genau richtig. Das 37 Grad warme Wasser wirkt entzündungshemmend, unterstützt die Heilung bei Knochenbrüchen, Muskelzerrungen, Hexenschuss oder Sehnenentzündungen und hilft bei dermatologischen Erkrankungen. Das Schöne daran ist, dass man sich nicht wie in einem Sanatorium fühlt, sondern vielmehr wie in einem luxuriösen Strandbad mit Bistros, Bars und liebenswerten Menschen. Auf dem riesigen Außengelände gibt es wunderschöne Thermalbecken, teilweise auch für Kinder geeignet, wo man den ganzen Tag relaxen und die Seele baumeln lassen kann.

**Aquardens** · Via Valpolicella 63 · S. Lucia di Pescantina · Tel 045/670 44 06 · www.aquardens.it/de

Am Tor zur Valpolicella liegt diese moderne Therme mit jeglichem Komfort.

Nicht so oft bietet sich so ein klarer Blick auf die Weinberge. Meist ist es eher diesig,
aber nicht minder schön, vor allem, wenn im April die Kirschen blühen.

# Traumblick auf das liebliche Valpolicella

*Vom hoch gelegenen Dörfchen San Giorgio aus bietet sich dem Betrachter bei guter Fernsicht neben den Weinbergterrassen auch ein fantastischer Blick auf das Etschtal bis hin zum Gardasee. Aber auch der verträumte Ort selbst ist einen Besuch wert, besonders die romanische Kirche.*

**San Giorgio thront über dem Weinparadies Valpolicella,** umgeben von Spitzen-Weinlagen. Von Affi kommend führt von Sant Ambrogio eine Serpentinenstraße hinauf in das 350 Meter hoch liegende San Giorgio. An den Wochenenden sieht man oft hübsch geschmückte Karossen hinauffahren, denn die romanische Kirche ist beliebt für Hochzeiten. Aber auch für Nicht-Heiratswillige oder jene, die es längst hinter sich haben, ist diese Kirche mit dem gut erhaltenen Kreuzweg einen Besuch wert. Das Hauptportal ist meist geschlossen, aber auf der rechten Seite, wenn man vor der Kirche steht, kann man das Gotteshaus betreten. Wunderschön ist im Inneren die Schlichtheit der aus Veroneser Steinen erbauten Kirche aus dem 11. Jahrhundert. Die westliche Fassade, so vermutet man, stammt aus der Langobardenzeit. Bei näherer Betrachtung erkennt man, dass sie auf den Grundmauern eines ehemaligen römischen Tempels erbaut wurde. Großartig zu sehen sind diese freigelegten Aus-

▶ **Die Trattoria Dalla Rosa Alda hat eine lange Tradition. Strada Garibaldi 4, 37015 San Giorgio, Tel. 045/770 10 18, www.dallarosalda.it**

grabungen, wenn man durch den Kreuzweg den Trampelpfad hinter der Kirche betritt. Man kann ganz deutlich die Räume und Wirkungsstätten der damaligen Zeit erkennen. Links neben der Kirche ist ein kleines Museum untergebracht, mit Fundstücken aus der römischen und langobardischen Zeit. Weithin sichtbar ist der ebenfalls aus heimischen Natursteinen erbaute Kirchenturm. Die Hauptstraße wurde 2013 neu mit Steinen der Region gepflastert und der Parkplatz weiter nach unten verlegt. Seitdem stören keine parkenden Autos den Blick auf die liebliche Landschaft.

**Pieve di San Giorgio di Valpolicella** · Frazione San Giorgio · 37010 Sant'Ambrogio di Valpolicella

# 73 Wilson: die etwas andere Bäckerei

**Sant'Ambrogio ist das Tor zum Valpolicella,** berühmt für fruchtige Valpolicella-Weine und große Amarone sowie für den Abbau von Marmor.

Sonntags ist Markt und richtig was los und alle freuen sich, dass die Bäckerei Wilson offen hat. Signor Wilson ist bekannt für das beste Brot weit und breit. Sein Weißbrot duftet fein und erinnert an Frankreichs lockere Baguettes. »Ich lasse den Teigen die Zeit, um langsam aufzugehen, denn neben dem richtigen Mehl ist die Zeit das Geheimnis guter Brote«, erzählt der Bäcker. Wieso er nur Samstag und Sonntag geöffnet hat? »Ich will nicht nur arbeiten, sondern auch noch leben.«

**Bäckerei Wilson** · Via Cavour 2 · 37010 Sant'Ambrogio di Valpolicella · nur Sa 7–18 u. So bis 12 Uhr geöffnet · Tel. 045/773 25 90

# 74 Ruhig schlafen, gleich neben der Enoteca

**Die Enoteca della Valpolicella** ist seit Jahren *die* Adresse, wenn es darum geht, typische Gerichte mit den passenden Weinen zu begleiten. Ada und Carlotta, die Betreiberinnen, sind Spezialistinnen, wenn es um die Harmonie von Wein und Essen geht. Früher waren, wo heute die Gasträume sind, die Wirtschaftsgebäude des Anwesens Corte Forte. Das im 14. Jahrhundert erbaute Gebäude war eine Befestigungsanlage mit vier Türmen. Im 16. Jahrhundert erwarb es eine Adelsfamilie aus Verona und baute es in ein nobles Landhaus um. Der jetzige Besitzer bewirtschaftet das Land mit heimischen Reben und keltert daraus exquisite Amarone, einen Valpolicella Ripasso und einen Recioto. Außerdem kann man hier übernachten.

**Enoteca della Valpolicella u. Agriturismo CorteForte** · Via Osan 45 · 37022 Fumane Ruhetage: So abends u. Mo · Tel. 045/683 91 46 · www.enotecadellavalpolicella.it mehr über den Agriturismo unter www.corteforte.it

Das Brot schmeckt sensationell, leider hat Wilson nur an zwei Tagen geöffnet.
Die Enoteca della Valpolicella: leidenschaftlich geführt von Ada und Carlotta

# Marmoteca statt Enoteca

*Königshäuser aller Epochen wurden mit Marmor ausgestattet, die schönsten Skulpturen der Welt sind daraus gestaltet worden und auch heute ist es en vogue, Böden, Treppen, Bäder und Küchen aus dem edlen Stein zu fertigen. In der Nähe von Affi leben die Menschen seit Generationen vom Marmorabbau.*

**Marmor, so weit das Auge reicht.** Verlässt man Affi in Richtung Valpolicella und Etschtal, sieht man links und rechts der Straße viele edle, im Sonnenlicht glänzende Steinfassaden der marmorverarbeitenden Betriebe. Fährt man weiter durch das alte Etschtal, das heutige kleine Weinbaugebiet Terradeiforti, beginnt man zu verstehen, weshalb sich hier seit Jahrhunderten Steinmetze niedergelassen haben. Immer noch gibt es etwa sechzig aktive, riesige Steinbrüche. Früher arbeiteten bis zu 200 kräftige Männer in

Marmoteca – ein spannendes Informationszentrum rund um den edlen Marmor

einem Steinbruch, heute schaffen das, dank modernster Technik, zwei bis drei. Steht man vor den 60 bis 80 Meter hohen, in den Himmel ragenden Steinwänden, die im Sonnenlicht in den unterschiedlichsten rötlichen Schattierungen leuchten, kommt man sich winzig vor und die mächtigen Maschinen gleichen Matchbox-Fahrzeugen. Wenn der Abbau unrentabel geworden ist, muss alles wieder mit Erde aufgefüllt und bepflanzt werden.

Einen Einblick in diese faszinierende Welt der Steinbearbeitung erhält man beim Besuch des Informationszentrums Video Marmoteca in Volargne. Hier kann man nicht nur hunderte verschiedener Steinplatten aus Marmor, Granit und vielen anderen Steinarten aus der ganzen Welt bestaunen, sondern auch in einem Simulationslabor die umfangreichen Arbeiten am Stein virtuell erleben. Es ist ein arbeitsintensiver Weg vom Steinblock im Steinbruch über das Schneiden von Rohplatten, die ein bis vier Zentimeter dick sein können, bis hin zur Küchenarbeitsplatte, der Ausstattung des Bades oder zu den gewünschten Stufen. Jede Steinplatte ist ein Unikat und das macht das Material so einzigartig. Obwohl moderne Maschinen die Arbeit heute wesentlich erleichtern, Fingerspitzengefühl ist dennoch gefragt.

**Video Marmoteca** · Via del Marmo 919 · 37020 Volargne · www.videomarmoteca.it

## 76

# Villa della Torre – Villa des Weins

*Es war seit jeher Traum der Winzerfamilie Allegrini, diese dem Verfall preisgegebene Villa in Fumane, im Herzen des Valpolicella-Classico-Gebiets, zu erwerben. 2008 war es endlich soweit! Seither wird die faszinierende Villa aus dem 16. Jahrhundert akribisch renoviert und ist nun ein sehenswertes Kleinod.*

**Umgeben von exzellenten Weinlagen** schmiegt sich die Villa, die von den Einheimischen »Palazzo« genannt wird, an die sanften Weinhügel der Valpolicella. Wer eine Rundreise von San Giorgio nach Fumane macht, kann dieses prachtvolle Anwesen von oben bestaunen. Viele, die im Weinhandel tätig sind, erleben jedes Jahr während der »VinItaly« in Verona in der ehrwürdigen Villa und dem traumhaften Park sensationelle Feste – *naturalmente* mit dem berühmten Wein »Palazzo della Torre«, dessen Trauben rund um die Villa gedeihen. Aber auch für Otto Normalweintrinker gibt es eine Möglichkeit, zumindest einen Blick auf das sehenswerte, geschichtsträchtige Haus und den Park zu werfen. Wer im schicken Wineshop auf der rechten Seite der Villa die weltberühmten Weine verkostet und kauft, darf auch einen Rundgang durch den Palazzo machen und sich vor allem den herrlichen Park ansehen. Beeindruckend ist der Zugang zu den Räumen der Villa. In der Mitte des Innenhofs steht ein prachtvoller Brunnen, der ein beliebter Treffpunkt bei Festivitäten ist. Einen bleibenden Eindruck hinterlassen die offenen grotesken Kamine in den Sälen. Der verrückteste ist der mit einem aufgerissenen Löwenmaul.

Errichtet hat dieses architektonische Schmuckstück inmitten der Valpolicella Giulio della Torre im Jahre 1560, um sich an diesem herrlichen Ort mit Intellektuellen zu treffen und sich über soziale, politische und religiöse Themen zu unterhalten. Die Familie Allegrini hat dieses bereits dem Verfall preisgegebene Anwesen 2008 erworben, aufwendig renoviert und damit eine wunderbare Begegnungsstätte für Weinliebhaber aus aller Welt geschaffen.

**Villa della Torre, Weingut Allegrini** · Via della Torre 25 · 37022 Fumane · Tel. 045/683 20 60
www.villadellatorre.it

Die Villa della Torre stammt von Guilio Romano (1492–1546), einem Renaissancearchitekten.

Ein Blick in das charmant geführte Ristorante Alla Ruota

# Traditionelle Küche und eine gigantische Aussicht

## 77

*Das Valpolicella-Gebiet erstreckt sich nördlich von Verona. Die Höhenunterschiede bewegen sich zwischen 70 Metern im Tal bis hinauf auf 400 Meter in den höheren Lagen. Und auf einer dieser Hochlagen kocht Signora Renza himmlische traditionelle Gerichte und ihr Mann Stefano sucht die passenden Tröpfchen dazu aus.*

**Seit über 30 Jahren ist das Alla Ruota eine zuverlässige Adresse** für feine Traditionsküche, hervorragende Weinberatung und herzliche Gastfreundschaft. Nach dem bekannten Weinort Negrar geht's ständig auf einer Serpentinenstraße nach oben, bis man schließlich nach dem Dörfchen Mazzano auf der rechten Seite eine riesige, gepflegte Terrasse sieht. Rein zufällig kommt man hier als Tourist nicht vorbei, es sei denn, man ist Weinfreak, denn hier oben befinden sich einige Toplagen der Valpolicella. Einheimische Genießer schätzen die traditionellen, dem Zeitgeist angepassten Gerichte, die Renza in ihrer Küche zaubert, aber auch die unwiderstehlichen *dolci* ihrer Schwester Odilla. Obwohl der große Speiseraum stets ansprechend eingedeckt ist und der Blick in Stefanos Schatzkästchen, einen liebenswerten Weinkeller, erfreut, am schönsten ist es doch, auf der Terrasse zu speisen. Der Ausblick auf die terrassenförmig angelegten Weinhügel, unterbrochen von Kirsch- und Olivenbäumen, ist fantastisch. An heißen Sommertagen ist das Alla Ruota ein perfekter Platz, um der großen Hitze zu entfliehen, denn hier oben geht immer ein leichtes Lüftchen.

Stefano kennt sich gut aus, wenn es um die Weine der Valpolicella geht. Er hält immer besondere Tröpfchen bereit, die nicht auf der Karte stehen, weil er sie gerade neu entdeckt hat oder weil es davon nur wenige Flaschen gibt. Als Weinliebhaber lernt man so immer wieder weniger bekannte, aber gute Winzer kennen. Wer nach einem weinseligen Abend an die kurvenreiche Fahrt ins Tal denkt – keine Sorge, nahe der Trattoria haben Renza und Stefano ein altes *rustico* niveauvoll renoviert. Hier kann man in aller Ruhe inmitten der Natur übernachten.

**Trattoria Alla Ruota** · Via Proale 6 · 37024 Mazzano di Negrar · Ruhetage: Mo u. Di
Tel. 045/752 56 05 · www.trattoriaallaruota.it

Das Valpolicella bietet auch spannende Erlebnisse für Naturfreaks.

# Abenteuer Natur:
# Cascate di Molina

*Ein Ausflug ins Valpolicella ist längst nicht nur für Weingenießer interessant! Das Dorf Molina mit den nahegelegenen Wasserfällen ist eine spannende Entdeckungstour für die ganze Familie. Inmitten schöner Landschaft und intakter Natur gibt es hier viel zu sehen und zu erleben.*

**Mit lautem Getöse stürzt das Wasser in tiefe Schluchten** – ein unvergessliches Erlebnis, nicht nur für Kids. Um dieses 80 000 Quadratmeter große Naturgebiet in den Bergen der Lessinia richtig kennenzulernen, beginnt man am besten auf festgelegten Pfaden. Auf dem »Waldpfad« entdeckt man wunderschöne Wildorchideen. Will man dieses botanische Erlebnis vertiefen, besucht man das Botanische Museum. Ein weiterer besonders faszinierender Weg ist der »Brückenpfad«, der zu einem einzigartigen Naturdenkmal führt, zur Ponte di Veja. Diese Naturarchitektur muss man gesehen haben, denn sie lässt sich nur schwerlich beschreiben. Es ist eine massive Felsbrücke, unter der ein Bach fließt. Die Tour leitet die Besucher über die Brücke, denn hier bietet sich nicht nur eine großartige Aussicht, man kann auch sehr schön die Kontraste zwischen den roten Ammoniten und den grauen Kalksteinen betrachten. Der Pfad führt weiter zu den landschaftlichen Schönheiten des Wasserfallparks, schlängelt sich vorbei an kleineren und größeren Wasserfällen, unterschiedlich großen Teichen mit wuchernden Pflanzen und an immens hohen Felswänden.

Ein ruhigerer Weg ist der »Almpfad«, der durch das Bergdorf Molina zu den Mühlen und Werkstätten führt. Hier kann man zusehen, wie früher Käse hergestellt wurde, und auch selbst Hand anlegen.

Wer sich für die bäuerliche Kultur in den Bergen der Lessinia interessiert, entscheidet sich für den »Mühlenpfad«, bei dem man sich beim Anblick der zahlreichen verfallenen und auch restaurierten Mühlen in eine längst vergangene Zeit zurückversetzt fühlt. Eine sehr unterhaltsame und erlebnisreiche Tagestour, die lange in Erinnerung bleibt.

**Parco delle Cascate** · Mühlenpark · Via Bacilieri 1 · 38030 Molina · Eintritt 5 €
Öffnungszeiten s. www.parcodellecascate.it · Tel. 045/772 01 85

# I Sapori del Portico: Krämer-laden mit Überraschung

*Rein zufällig kommt man an diesem versteckt gelegenen Krämerladen nicht vorbei und selbst wenn, kaum ein Tourist würde denken, er versäumt etwas, wenn er hier nicht einkauft. Es wäre aber ein Fehler, denn am hinteren Ende des Lebensmittelladens von anno dazumal wartet ein verführerisches Käseparadies.*

**Käse-Affineur Giuseppe Bernardinelli** verdankt seine Käseleidenschaft einem Zufall. Giuseppe studierte Architektur, denn er hatte keine Lust, den elterlichen Gemischtwarenladen zu übernehmen. Als seine Mutter erkrankte, bat ihn sein Vater, ihm während dieser Zeit im Laden zur Hand zu gehen. Als sich dann die Krankheit über einen längeren Zeitraum hinzog, begann Giuseppe, teils aus Langeweile, sich mit dem damals kleinen, regionalen Käseangebot zu beschäftigen. Von Tag zu Tag wuchs seine Begeisterung für Käse und er beschloss, sich zum Käse-Affineur ausbilden zu lassen. Gleichzeitig begann er in kleineren Käsereien in ganz Italien nach ehrlichen Produkten zu suchen. Die Kellerräume des elterlichen Hauses aus dem 14. Jahrhundert offenbarten sich als optimaler Reifekeller. Diese genussvollen Erfahrungen begeisterten den jungen Architekturstudenten so sehr, dass er beschloss, statt Häuser zu bauen, Käse zu verfeinern.

Heute hat der Käseliebhaber die Qual der Wahl, denn über vierhundert Käsesorten schlummern in der langen Käsetheke am Ende des klassischen Krämerladens. Hier findet man Raritäten wie Parmesan aus der Milch von weißen Kühen, von dem es nur einen einzigen Produzenten gibt. Einzigartig ist auch der lang gereifte Gorgonzola, der mit Rum und feinstem Kakao verfeinert wird. Ein besonderes Geschmackserlebnis! Spannend ist es, einen Blick in seinen Reifekeller unter dem Laden zu werfen, wo die Käselaibe in Heu oder Stroh verpackt ihrer geschmacklichen Vollendung entgegenreifen. Hinweisschilder zum Käseparadies sucht man vergebens – Feinschmecker aus aller Welt finden den Weg. Bill Gates und Mick Jagger waren schon da …

**I Sapori del Portico** · Via San Francesco 48 · 37024 Arbizzano · 8–13 u. 16–19.30 Uhr, Mi u. So nachmittags geschlossen · Tel. 045/751 30 03 · www.saporidelportico.com

Signor Bernardinelli mit seiner Schwester und seinem Neffen Marco
Unter dem Käseladen reifen die Käse ihrer geschmacklichen Vollendung entgegen.

Das moderne Restaurant mit offener Küche des Nobelhotels Vittoria, im Herzen von Verona, und eines der sehr wohnlichen Zimmer

# Geschichte, Kultur und Moderne harmonisch vereint

*Im antiken Stadtzentrum Veronas, nur wenige Schritte von der Arena entfernt, nahe der Porta Borsari, bietet der Palazzo Victoria ein weltstädtisches Hotel, das ein tausendjähriges Miteinander von Künsten, Kulturen und Architektur vortrefflich und faszinierend miteinander vereint.*

**Ankommen im Hotel Palazzo Victoria** ist wie Ankommen in einem Museum. Das beginnt bereits im Souterrain, wo man schon von außen antike Überreste sehen kann, die den Besucher neugierig stimmen. Ein Wow-Effekt folgt in der im zeitgenössischen Stil gestalteten Eingangshalle. Blickfang sind die Sitzgarnituren des berühmten italienischen Designers Gaetano Pesce. Der typische veronesische Innenhof, der Zen-Garten wie auch die weitläufige Lobby sorgen dafür, dass sich Leute ungezwungen treffen und miteinander ins Gespräch kommen können. Der Besitzer wollte eine Art Veroneser Piazza, wo sich Menschen unterschiedlicher Kulturkreise begegnen. Die vielen historischen Denkmäler innerhalb des Palazzo bieten zudem Gesprächsstoff für die Gäste des Hauses.

Marcello Pigozzo war vier Jahrzehnte in der Spitzenhotellerie weltweit unterwegs, bevor es ihn wieder in seine Heimatstadt Verona zog. Er erwarb den Prachtbau aus dem 16. Jahrhundert und gestaltete ihn zu einem noblen Luxushotel um. Für den weltoffenen Signor Pigozzo war es wichtig, dass dieses geschichtsträchtige Gebäude im Herzen der schönen Stadt an der Etsch Menschen inspiriert, aufeinander zuzugehen. Er wollte nicht nur ein Luxushotel, sondern einen prachtvollen Ort der Begegnung. Selbst wer nicht in einem der nobel ausgestatteten Zimmer oder Suiten nächtigt, spürt das Flair dieses Hauses in der lauschigen Hotelbar oder im modern gestalteten Restaurant. Auch im Borsari 36 will man mit der einsehbaren Showküche den Gast in das Geschehen miteinbeziehen. An warmen Tagen speist man gemütlich unter Sonnenschirmen im ruhigen Innenhof aus dem 14. Jahrhundert.

Palazzo Victoria · Via Adua 8 · 37121 Verona · Tel. 045/59 65 08 · www.palazzovictoria.com

# Über die steinerne Brücke zum Castello

*Aufgrund seiner Lage am Ausgang des niedrigsten Alpenübergangs fanden in Verona in der Vergangenheit viel mehr Berührungen zwischen der germanischen und romanischen Lebensart statt, als in irgendeiner anderen Stadt in Italien.*

**Angesichts der vielen meist nördlichen Besucher,** die Jahr für Jahr auf den römischen Stufen der Arena den italienischen Opern lauschen, scheint sich das bis heute nicht geändert zu haben.

Noch nordischer wird es, wenn man die Etsch über die Steinerne Römerbrücke überquert und das romantische Treppchen zum Castel San Pietro hinaufwandert. Dort, wo heute die ehemalige Habsburger Kaserne steht, stand einst das Schloss von Re Teoderico, besser bekannt als Dietrich von Bern. Beim Blick von der Terrasse des benachbarten Lokals, das Theoderichs Namen trägt, auf das darunterliegende Römische Theater versteht

Die steinerne Brücke von der Uferpromenade der Etsch – nachts noch mal so schön

man, dass sich unser Wort Romantik von »Roma antica« ableitet. Dabei ging es zu Zeiten der Völkerwanderung recht barbarisch zu. Nach Theoderichs Goten kamen nämlich die Langobarden mit ihrem grausamen König Alboin. Um die Königstochter Rosamunde zu gewinnen, tötete Alboin ihren Vater und ließ aus dem Schädel einen vergoldeten Trinkbecher anfertigen. Bei der Hochzeit zwang er seine Braut, daraus zu trinken. Rosamunde rächte sich dafür und ermordete den schlafenden Alboin. Doch zurück zu den romantischen Momenten: Der Blick von Castel San Pietro auf Verona – vor allem bei Vollmond – ist an Romantik kaum zu übertreffen. Auf dem Weg zurück zur Piazza delle Erbe kommt man an der von den Dominikanern erbauten gotische Kirche Sant'Anastasia vorbei. Sehenswert sind der beeindruckende Marmorboden und die berühmten Fresken von Pisanello und Altichiero. Vorbei an dem gotischen Reiterstandbild der Cangrande gelangt man in das Wohnzimmer der Veroneser, der Piazza dei Signori mit der Dante-Statue. Das Caffè Dante, das älteste Café der Stadt, ist der richtige Platz, um die Stadt auf sich wirken zu lassen.

**Kirche Sant'Anastasia** · Piazza Anastasia · 37010 Verona
Besichtigung März–Okt. 9–18 Uhr, außer während der Gottesdienste · Eintritt 2,50 € ·
mehr Informationen zu Verona: www.tourism.verona.it

# 82

## Ein ungewöhnlicher Briefkasten

**Verona steckt voller venezianischer Relikte,** eines sieht man an der Wand des Palazzo del Comune – dem ältesten Rathaus Italiens. Es ist eine Maske mit geöffnetem Mund, einst ein Briefkasten für anonyme Anzeigen. Der Denunziant schrieb den Namen eines Verdächtigen und die Verfehlung auf und riss den Zettel entzwei. Einen Teil steckte er in den Briefkasten, den anderen behielt er. Ermittler nahmen die Untersuchungen auf und dem Beschuldigten wurde der Prozess gemacht. Der Denunziant konnte dann im Falle einer Verurteilung mit der anderen Hälfte des Zettels zum Gericht gehen und sich seine Belohnung abholen.

**Palazzo dei Comune mit Torre Lamberti** · Piazza dei Signori · 368 Stufen oder ein Lift zur Aussichtsplattform des 83 m hohen Torre di Lamberti, traumhafte Sicht auf die Stadt
8.30–19.30 Uhr · Eintritt 6 €

# 83

## Café Carducci – eine »Bottega Storica«

**»Bottega Storica« ist eine hochgeschätzte Auszeichnung** in Verona, die nur traditionellen Lokalen zuteil wird. Die Bedingungen sind, dass das Lokal seit mindestens 40 Jahren von der gleichen Familie geführt wird und in einem geschichtsträchtigen Bauwerk untergebracht ist. Das Café Carducci ist eines der traditionellsten Häuser dieser Art in Verona. 1928 hat der Urgroßvater von Stefano Bianconi, dem jetzigen Betreiber, diese Osteria eröffnet. 1950 baute dann Stefanos Vater die Osteria um und seit 2000 leitet Stefano das Café. An der Philosophie seiner Familie hat sich nichts geändert. Morgens trinkt man dort einen Cappuccino, mittags bereitet der Koch Pasta zu und abends trifft man sich auf ein Glas Wein.

**Café Carducci** · Via Carducci 12 · 37121 Verona · Mo–Sa 7–14.30 u. 16.30–23 Uhr, So Ruhetag
Tel. 045/803 06 04 · www.cafecarducci.it

DENUNZIE SECRETE
CONTRO USURARJ,
E CONTRATI
USURATICI  DI
QUALUNQUE SORTE.

Nicht vorbeilaufen: der Beschwerdebriefkasten am Palazzo del Comune
Gemütlich und unglaublich stilvoll – ein beliebter Treffpunkt der Veroneser

Das macht Spaß: bummeln unter den schattigen Arkaden von Sottoriva.

# »Andar per goti« unter den Arkaden von Sottoriva

*»Panta rhei« – »alles fließt«, das trifft nicht nur auf das Wasser der Etsch zu, die durch Verona fließt, sondern auch auf die weingeprägte gastronomische Kultur der Stadt. »Andar per goti«, auf ein Glas Wein gehen, war und ist auch heute noch ein festes Ritual bei den Veronesern.*

**Via Sottoriva ist eine der charakteristischen Straßen von Verona,** und wer die entlangbummelt, fühlt sich in eine längst vergangene Zeit zurückversetzt. Damals, als vom reißenden Fluss viele Mühlen angetrieben wurden, die das Mehl lieferten, das für die frische Pasta benötigt wurde, trank man unter den Arkaden stets Custoza oder einen roten Bardolino-Wein aus einem standfesten Becher. Dieser Brauch, auf ein Gläschen zu gehen, ist bis heute lebendig, nur dass die plumpen Becher von feinen Gläsern abgelöst wurden. Statt des Weins sieht man, dem Modetrend entsprechend, orangeroten Aperolspritz in den Gläsern schimmern. Allerdings ist dieses lockere Treffen umgezogen in die Gassen rings um die Piazza delle Erbe, wo das abendliche Sehen und Gesehenwerden stattfindet. In den verbliebenen alten Schankstätten unter den Arkaden der Sottoriva, wo immer Wein vom Fass ausgeschenkt wurde, scheint die Zeit stehengeblieben zu sein. Die, die immer noch gerne hier sitzen, sind die vom alten Schlag – und die sind fest von der Heilkraft des Weins überzeugt, denn: »Vino fa buon sangue« (»Wein macht gutes Blut«). So Unrecht haben die alten Herren von der Sottoriva nicht, denn die moderne Medizin weiß, dass etwas Wein absolut förderlich für eine gute Gesundheit ist. Niemals darf man jedoch vergessen, dass Trinken ohne gleichzeitig den Magen zu verwöhnen, den Veronesern undenkbar ist, weder in den simplen Osterien in der Via Sottoriva noch in den schicken Winebars. Hier wie dort türmen sich auf den Tresen schmackhafte Häppchen, bei denen man aufpassen muss, sich nicht bereits mit dem Aperitivo den Appetit auf das Abendessen zu verderben.

**Osteria Sottoriva** ist nur eine der zahlreichen heimeligen Osterien in dem alten Veroneser Viertel
Via Sottoriva 23 · Tel. 045/800 99 04 · mehr Informationen zu Verona: www.tourism.verona.it

# 85

## Schöne, verrückte Welt – Giardino Giusti

*Das Wort Garten – im Italienischen »giardino« – kommt aus dem Altpersischen und bedeutet »Paradies«. Geht man durch den dunklen Torbogen des Palazzo Giusti und dann durch die Zypressenallee hinauf zum Garten, kann man dies absolut nachvollziehen.*

**Hier ist alles ein wenig anders, so steht die Villa** nicht wie üblich oben auf dem Hügel, sondern unten zu dessen Füßen. Vielleicht macht gerade das den Reiz aus und setzt den Garten in ein besonderes Licht. Der erstreckt sich nämlich den Hügel hinauf zu einem der schönsten Renaissancegärten Italiens. Die Ursprünge des Parks gehen in das 16. Jahrhundert zurück, da errichtete Familie Giusti den Palazzo Giusti, umgeben von einer herrlichen Parkanlage. So englisch, wie sich der Giardino Giusti, heute präsentiert, entstand er im 19. Jahrhundert.

▶ **Nur einen Steinwurf von der Arena entfernt, kann man vor der Oper noch eine köstliche, leichte Küche genießen. Locanda 4 Cuochi, Via Alberto Mario 12, Tel. +39 045 8 03 03 11 www.locanda4cuochi.it**

Eine Allee uralter Zypressen, die Goethe auf seiner italienischen Reise beschrieb und die ihn tief beeindruckte, gliederte den Park in zwei Bereiche. Rechts ein Wäldchen, ähnlich einem englischen Garten, der zu einer Grotte führte, links die in kreative Formen geschnittenen Rabatten eines *giardino all'italiano*.

Wie es für einen Renaissancegarten üblich war, ist auch dieser reich bestückt mit zierlichen Statuen, herrlichen Fischteichen, Brunnen mit zauberhaften Wasserspielen und von Moos umrandeten Becken mit zauberhaften Seerosen. Erst ganz oben, von der Terrasse des Belvedere, erschließt sich einem die harmonische Kombination dieser zwei unterschiedlichen Gartenanlagen vollends. Sehenswert ist die überdimensionale Maskenskulptur, der *Maskeron*, aber noch fantastischer ist der Blick von hier oben auf den Palazzo Giusti, die Etsch und die Altstadt von Verona. Ein herrliches Plätzchen, um nicht nur die Vegetation des Gartens, sondern auch das Flair von Verona voll und ganz in sich aufzusaugen!

**Giardino Giusti** · Via Giardini Giusti 2 · 37121 Verona · 9–20, Okt.–März 9–19 Uhr · Eintritt 7 € Tel. 045/803 40 29

Ein paradiesischer Garten mit mediterranen Bäumen auf der anderen Seite der Etsch,
von dem man einen Blick auf die Altstadt werfen kann.

Während der Sommermonate ist das Teatro Romano sehr beliebt und meist ausgebucht.

# Schauspielhaus in Zentrumsnähe: Teatro Romano

*Verglichen mit den Unterhaltungsmöglichkeiten der heutigen Zeit entspräche das Teatro Romano einem Schauspielhaus, die Arena wäre das Fußballstadion. Im antiken Verona lag die Arena außerhalb der Stadt, während das Theater in unmittelbarer Zentrumsnähe lag, erreichbar über die Steinerne Brücke.*

**Erbaut wurde das Theater zur Zeit Kaiser Augustus'** (63 v. Chr.–14 n. Chr.) als Platz zur moralischen Erbauung durch das Schauspiel. Vielleicht war dies eine Art Wiedergutmachung für das grausame »Brot und Spiele« in der Arena. Wahrscheinlich war der Kulturetat auch damals nicht so üppig ausgestattet wie der Vergnügungsetat, weshalb beim Baumaterial gespart werden musste. Statt des teuren Veroneser Marmors, der in der Arena verwendet wurde, nahm man im Theater, dort, wo es nicht sofort auffiel, billigen porösen Kalkstein, der leider allzu rasch verwitterte. Nach dem Untergang des Römischen Reiches verfiel das Theater und von dem ehemals beeindruckenden Bühnenkomplex ist kaum noch etwas vorhanden. Lediglich der Zuschauerraum ist, nachdem die Überbauungen des Mittelalters entfernt wurden, erhalten. Dafür benötigte man auch keine Stützwände, denn die Ränge und Logen wurden einfach in den ansteigenden Hang des Colle di San Pietro hineingebaut. Heute ist das Teatro Romano wieder ein fester Bestandteil des Theatersommers in Verona und lockt viele tausend Besucher auf die andere Etschseite. In einem 105 Meter weiten Halbkreis öffnet sich das Theater zur Flussseite hin und von den steinernen Sitzreihen aus bietet sich ein fantastischer Blick auf die Bühne und den Fluss. In diesem Halbrund nachts den unsterblichen Worten Shakespeares zu lauschen, vermittelt vielleicht keinen so gigantischen Eindruck wie der Triumphmarsch aus *Aida* in der Arena, an Erlebnistiefe ist er durchaus ebenbürtig.

▶ Nach dem Schauspiel ist die Osteria Alcova del Frate, Via Ponte Pietra 19A, genau das Richtige. Tgl. geöffnet von 10–1 Uhr nachts, www.alcovadelfrate.it

**Teatro Romano Piazzetta** · Regaste Redentore 2 · 37129 Verona
8.30–19.30, Mo 13.30–19.30 Uhr · Eintritt 1 €

# 87 Gürtel und Taschen – made in Verona

**L.C.B. Company wurde in den 60er-Jahren** von Signor Corrado Mozzo gegründet. Mit Kreativität und großer Leidenschaft für schöne handwerklich hergestellte Dinge begann er, in einer kleinen Werkstatt vor den Toren Veronas zuerst hochwertigen Modeschmuck, ein wenig später zudem edle Gürtel aus Leder und Metall herzustellen. Seine von ihm entworfenen Gürtel sind eine exquisite Kombination von hochwertigem Leder und Metall und werden heute weltweit kopiert. Das Besondere an den orginal L.C.B.-Gürteln und -Taschen ist, dass nur allerfeinste Materialien verwendet werden und alles Handarbeit ist.

**Blue Express** · Family-Laden von L.C.B. u.a. · Via Quattro Spade 7 · 37121 Verona
So u. Mo 15.30–19.30, Di, Fr 9.30–13 u. 15.30–19.30, Sa. 10–19.30 Uhr · Tel. 045/927 30 44
www.blueexpress.it

# 88 Charmante Veronetta und die sympathischen Läden

**Veronetta heißt der älteste Stadtteil Veronas** auf der linken Etschseite. Neben Sehenswürdigkeiten wie dem Teatro Romano und dem Castello sind es vor allem die kleinen Gassen, die dem Viertel Charme verleihen. Da ist zum Beispiel der Schmuckladen von Cesare Soprana in der Via G. Carducci. Cesare Soprana ist seit vierzig Jahren Goldschmied und das eigentlich nur, weil er keine Lust mehr hatte, in die Schule zu gehen. In den 50er-Jahren bot eine Goldschmiedin seinen Eltern an, ihm ein Handwerk beizubringen. Und damit traf sie ins Schwarze. Mittlerweile hat Cesare unzählige Auszeichnungen gewonnen, seinen Schulabschluss nachgeholt und sein Schmuckladen ist ein gefragtes Ziel für jene, die das Besondere suchen.

**Gioielli Soprana** · Via Giosuè Carducci 11 · 37129 Verona · Di–Sa 9–12.30 u. 16–19.30 Uhr,
Mo Ruhetag · Tel. 045/803 22 24 · www.gioiellisoprana.com

Shopping abseits der Via Mazzini im sympathischen Laden L.C.B. ist ein Vergnügen.
Goldschmied Cesare Soprana in seinem liebenswerten Schmuckladen in der Veronetta

Die schicke Pasticceria von Giancarlo Perbellini gibt es seit Sommer 2014 und neben den verlockenden kleinen Teilchen begeistert er auch mit seiner berühmten »millefoglie«.

# Das süße Paradies: Dolce Locanda

*Die Pasticceria-Dynastie in und um Verona heißt Perbellini. Alles begann in Bovolone, einem ziemlich gottverlassenen Dorf im südlichen Hinterland von Verona. Hier wurde 1891 das Rezept für die »offella d'oro«, einen Hefekuchen, der bei der Veroneser Weihnacht nicht fehlen darf, erfunden.*

**Ernesto Perbellini erfand in den 50er-Jahren die »Millefoglie Strachin«.** Die *torta millefoglie* gehört zu Verona wie die Arena und die von Perbellini ist einzigartig. Das beginnt beim Blätterteig, der im wahrsten Sinne des Wortes den Namen »tausend Blätter« verdient. Hinzu kommt, dass diese knusprigen Teigplatten nicht mit einer, wie sonst üblich, festen Konditorcreme, sondern mit einer luftigen Creme gefüllt sind, die *strachin* heißt. Der Name beschreibt die Konsistenz der Füllung. Da diese bereits kurz nach der Zubereitung unweigerlich in sich zusammensackt, sagt man im veronesischen Dialekt dazu »la se straca«.

Ernestos Neffe, Giancarlo Perbellini, ausgezeichnet seit 1992 mit zwei Michelin-Sternen, hat 2014 einen weiteren Laden mit den feinen *dolci* in die Altstadt von Verona verlegt. Die Dolce Locanda, liegt ganz in der Nähe seiner beiden Lokale Du de Cope, einer feinen Pizzeria, und Tappasotto im Zentrum der Stadt.

In seiner neuen Pasticceria gibt es neben den Klassikern *pandoro* und *millefoglie* viele unwiderstehliche Törtchen und Pralinen. Giancarlo Perbellini hat diesen Traum von seiner Pasticceria im Herzen von Verona mit seinem langjährigen Patissier Pascal Piermattei verwirklicht. Beim Blick in die einsehbare Konditoreiwerkstatt kann man bei der Arbeit zusehen und darauf warten, dass einem das Wasser im Munde zusammenläuft. Feinschmecker freuen sich besonders, dass der beliebte Sternekoch nun auch sein Feinschmeckerlokal in Verona eröffnet hat. Im Casa Perbellini, so heißt das Gourmetrestaurant, kann man während der Opernfestspiele an einigen Tischen von 19–20.45 Uhr ein 4-Gänge-Menü genießen.

**Dolce Locanda** · Via Catullo 12 · 37121 Verona · Di–Sa 8–13 u. 16–19.30 Uhr, Ruhetage So nachmittags u. Mo · Tel. 045/800 42 11 · www.giancarloperbellini.it

# 90

# Dampfende Fleischberge und frisches Gemüse

*Vom Flughafen Catullo kommend auf dem Weg ins Zentrum von Verona fährt man durch Dossobuono. Große Sehenswürdigkeiten gibt es nicht, aber für Genießer sind der »bollito misto« (gemischtes gekochtes Fleisch) im Ristorante Cavour und der verlockenden Gemüse- und Feinkostladen von Gianni Magosso Anreiz genug.*

**Heiß dampfend liegen die Fleischstücke auf dem** *carello* (Wagen) und die Qual der Wahl beginnt. Eine Rinder- oder Schweinezunge, ein Stückchen vom *zampone* (gefüllter Schweinefuß) oder lieber doch was Gebratenes? Nun kommt der nächste Schritt, die passende Fleischbegleitung. Probieren sollte man sie auf jeden Fall, die zum *bollito misto* unverzichtbare *pearà*, eine für Nicht-Veroneser gewöhnungsbedürftige Brot-Mark-Sauce. Weiter zur Wahl stehen eine scharfe *mostarda* (scharfe eingelegte Senffrüchte), frisch geraspelter Meerrettich und eine reiche Auswahl an gegartem Gemüse. Das Ristorante Cavour gegenüber der Kirche von Dossobuono, direkt an der Hauptstraße nach Verona, ist das Mekka für Liebhaber einer typischen *bollito misto*. Aufpassen beim Beladen der Teller – denn nach dem Hauptgang wird noch ein voller Dessertwagen in den Speiseraum gefahren.

Wenige Schritte weiter liegt der Feinkostladen Magosso. Schon von außen ist der Laden eine Augenweide, so liebevoll sind Früchte und Gemüse angerichtet. Beim Betreten des Ladens fühlt man sich in eine andere Zeit versetzt. Hier bekommt man alles, was das Genussleben schöner macht: eingelegtes Gemüse, hochwertigen Risottoreis, feinste Olivenöle und edlen Essig. Geht man einen Schritt weiter, kommt man ins Allerheiligste von Gianni Magosso. Seine Weinnische! Neben den bedeutendsten Gewächsen aus der Valpolicella findet der Weinliebhaber hier auch die größte Auswahl an Champagner in Verona. Dank der geschickten Hand von Ehefrau Mariasunta ist der Laden im weiten Umkreis zudem berühmt für aufwendig verpackte, kulinarische Weihnachtsgeschenke.

**Spezialità Magosso** · Via Vertua 27 · 37062 Dossobuono · tgl. außer So und Mi nachmittags 7–13 u. 15.30–19 Uhr · www.magosso.it · **Ristorante Cavour** · Via Cavour 40 · 37062 Dossobuono · Ruhetage Sa mittags u. So · Tel. 045/51 30 38

Die typische »bollito misto« gibt es im Ristorante Cavour in Dossobouno.
Frisches Gemüse & Co., stets liebevoll aufgebaut – so macht Einkaufen richtig Spaß.

Das Museo Nicolis ist ein Eldorado für Liebhaber alter Autos und Technikfreaks.

# Oldtimer und noch viel mehr

## 91

*In der Kleinstadt Villafranca, 20 Kilometer südlich von Verona, hat Luciano Nicolis, ein Bürger dieser Stadt, ein Museum errichtet, das kein Museum im traditionellen Sinne ist. Es bietet weitaus mehr als nur eine Ausstellung von Oldtimern, es zeigt die technische Entwicklung durch alle Bereiche.*

**Der Gründer des grandiosen Museo Nicolis** träumte als Kind davon, einmal ein Auto zu besitzen. Er wurde ein erfolgreicher Geschäftsmann und blieb seiner Leidenschaft für schöne Autos ein Leben lang treu. Wo immer er auf seinen Reisen alte Autos entdeckte, kaufte er sie und ließ sie in seiner eigenen Werkstätte in neuem Glanz erstrahlen. Seine Teilnahme an der berühmten »Mille Miglia« war obligatorisch. Im Laufe der Zeit wuchs in ihm das Verlangen, seine Sammlung allen Menschen zugänglich zu machen. Einer seiner Leitsprüche war nämlich: »Wir sind nicht die Besitzer von all dem, wir sind dessen Hüter für die Zukunft«. Er baute das lichtdurchflutete Museum im Gewerbegebiet von Villafranca, zum einen, um den Menschen seine einzigartige Oldtimersammlung zu zeigen, aber noch viel mehr, um die rasante technische Entwicklung des 19. und 20. Jahrhunderts zu präsentieren. Anschaulich kann man die Entwicklungsgeschichte des Fahrrads und Motorrads, der Schreibmaschine, der Fotokameras sowie der Musikinstrumente erkunden. Luciano Nicolis interessierte sich aber nicht nur für die Schönheit der Dinge, sondern auch für die technischen Hintergründe. Deshalb werden an den ausgestellten Motoren die unterschiedlichen Prozesse gezeigt, die notwendig waren, um Autos leistungsstärker und schneller zu machen. Sehenswert sind aber nicht nur die ausgestellten Exponate, beeindruckend ist auch das Gebäude selbst: eine mehrstöckige, offene Struktur, die es erlaubt, je nach Bedürfnissen die Ausstellung, die Räume, immer wieder anders zu gestalten. Das Licht kann ungehindert durch die riesigen Glasfassaden gelangen und verleiht den ausgestellten Stücken einen besonderen Glanz.

---

**Museo Nicolis** · Viale Postumia · 37069 Villafranca · Di–So 10–18 Uhr · Eintritt: 10 €
Tel. 045/630 32 89 · www.museonicolis.com

# 92

## *Buon giorno* statt Guten Tag

*»Völker Italiens sind all jene, die man auf Italienisch sprechen hört«, sprach Dante vor über 700 Jahren und legte damit die Grenze des »Bel Paese« fest. Die Politik des 20. Jahrhunderts hat zwar die nördliche Grenze an den Brenner verschoben, aber richtig angekommen ist man in »Bella Italia« erst im Trentino.*

**Die Grenze zwischen deutscher und mediterraner Lebensart** beginnt hinter der Salurner Klause. Nun sind die Ortsschilder nicht mehr zweisprachig wie in Südtirol, der Baustil der Häuser unterscheidet sich deutlich und statt »Guten Tag« heißt es nun »buon giorno«. Auf dem Weg zum Gardasee düsen viele an Trento (auf Deutsch: Trient) vorbei; nicht wissend, wie sehenswert diese erste »echte« italienische Stadt nach dem Brenner ist.

Weltberühmt, wenn auch nur für kurze Zeit, wurde Trento durch Bischof Bernhard von Cles, unter dessen Amtszeit Trento Tagungsort für das Tridentinische Konzil wurde. In den Jahren vor der Eröffnung des Konzils (1445–1463), das der bauwütige Bischof selbst nicht mehr erlebte, war die gesamte Stadt eine Großbaustelle. Neue Plätze wurden angelegt, Straßen gepflastert und bereits vorhandenen Palazzi mit illusionistischen Fresken bemalt, die manchmal so täuschend echt wirkten, dass man die gemalte Architektur von der tatsächlichen nicht unterscheiden konnte. Diese prachtvollen Fassaden rund um den wunderschönen Domplatz sind auch heute noch eine Augenweide. Den Bischöfen schien der Aufenthalt in Trient, und wahrscheinlich auch die gute Küche, so gut gefallen zu haben, dass sich die Dauer des Konzils auf 18 Jahre ausdehnte. Besonders angetan waren sie von der berühmtesten kulinarischen Spezialität, den *strangolapreti*, Spinatnocken mit Parmesan bestreut.

Einen Eindruck von den prunkvollen Versammlungen der Konzilteilnehmer vermittelt ein im Jahre 1633 gemaltes Bild an der rechten Chorwand in der Kirche Santa Maria Maggiore, sowie einige Tafelbilder im Diözesanmuseum.

**Chiesa di Santa Maria Maggiore** · Piazza S. Maria Maggiore · Vicolo delle Orsoline 1
38100 Trento · vormittags u. nachmittags für Besucher geöffnet

»Die« Spezialität der Trentiner – »strangolapreti«, übersetzt: Priesterwürger

Die Altstadt von Trient mit ihren alten Gassen und den schönen Palazzi

*Trient ist sehenswert und in Trient lässt es sich gut leben! Das beweisen neben dem Bevölkerungszuwachs auch die Umfragewerte. Trient wurde zur Stadt mit der höchsten Lebensqualität aller 103 Provinzstädte in Italien gewählt und belegt auch im europäischen Ranking vordere Plätze.*

**Die Rosette des riesigen Radfensters des Doms,** das sofort ins Auge fällt, diente weniger der Beleuchtung des Innenraums, es stand als Symbol für das Rad der Fortuna. Bei genauer Betrachtung stellt man nämlich fest, dass an der höchsten Stelle ein Mensch steht, der nach rechts abstürzt, sich am Boden krümmt und nach links wieder emporgehoben wird. Damit beabsichtigte man im Mittelalter den Gläubigen zu verstehen zu geben, dass alles menschliche Bemühen umsonst ist, weil nur mit der Hilfe Gottes ein Ab- und Aufsteigen möglich ist.

Wie sehr sich die Trentiner als Italiener verstanden, zeigt eine Geschichte aus dem 19. Jahrhundert. Als nämlich die Österreicher 1858 zwecks schneller Truppenverschiebung in ihre besetzten Gebiete in Norditalien die Brenner-Eisenbahn bauten, musste die Etsch, die zusammen mit der Torre Vanga das westliche Bollwerk der Stadt bildete, verlegt werden, um Platz für einen Bahnhof zu schaffen. Aus Protest stellten die Trentiner ein nicht übersehbares Denkmal des italienischen Nationaldichters und Vaters der italienischen Sprache, Dante Alighieri, vor dem Bahnhof auf. Traditionsdenken gehört zu Trient, aber auch Modernität prägt die Stadt.

Das spiegelt sich im wissenschaftlichen Museum MUSE und im neu entstehenden Stadtteil Finestra sull'Adige (»Fenster zur Etsch«) wider. Beide Projekte hat kein geringerer als der Stararchitekt Renzo Piano konzipiert, der in Städten wie Paris (Centre Pompidou) und in Berlin (Atrium Tower am Potsdamer Platz) bereits beachtliche bauliche Akzente gesetzt hat. Die Stadt Trient hat beschlossen, sich der Moderne gegenüber zu öffnen, ohne dabei auf die Tradition zu verzichten.

**APT Trento · Tourismusbüro** · Via Manci 2 · 38100 Trento · tgl. 9–19 Uhr · Tel. 0461/98 38 80
www.apt.trento.it

# MUSE – Wissenschaft verständlich gemacht

*Neue Maßstäbe für die Wissenschaft – sowohl im Äußeren wie auch im Inneren – setzt die Stadt Trient mit dem am 27. Juli 2013 eröffneten Museum MUSE. Von außen betrachtet erinnert die Form an die Trentiner Berge, innen bietet sich dem Betrachter ein über fünf Stockwerke offenes, helles Museum.*

**Den Parcour durch MUSE beginnt man ganz oben, auf der Terrasse,** mit einem spektakulären Blick auf die Stadt und das Etschtal. Von da geht's bergab. Das vierte Stockwerk ist den Berggipfeln und Gletschern gewidmet, untermalt von Klängen und einer lebendige Landschaft, die sich immer wieder verändert. Tiefe Wälder, Gipfel der Dolomiten, Gletscher und hautnahe Aufnahmen von Lawinenabgängen lassen den Besucher unmittelbar in die faszinierende Bergwelt eintauchen. MUSE animiert aber auch zum aktiven Mitmachen. So kann man auf einem Klettersteig in 23 Meter Höhe testen, ob man schwindelfrei ist. Ein Stockwerk tiefer ist man dann hautnah mit der alpinen Natur vereint. Auf einem imaginären Wanderweg durchschreitet man 26 unterschiedliche Lebensräume und zwei Aquarien. Im zweiten Stockwerk steht die Geologie im Mittelpunkt. Auf unterhaltsame Weise erkundet man die Entwicklung geologischer Räume der Vergangenheit. Auf einer multimedialen Reise und anhand geologischer Ausstellungsstücke wie Steinmaterial, Fossilien und Mineralien wird der Alpenraum verständlich gemacht. Wer mehr und mehr in die Vergangenheit abtauchen möchte, geht in den ersten Stock. Hier wird anschaulich die kulturelle, wirtschaftliche und gesellschaftliche Entwicklung der Alpen gezeigt, vom Neandertaler bis hin zum Homo sapiens, von der Landwirtschaft in der Jungsteinzeit bis zur frühgeschichtlichen Metallverarbeitung. In einem Videoraum kann man sich selbst in die Urzeit zurückversetzen. Das Erdgeschoss ist ein absolutes Aha-Erlebnis für Kinder. Ziel von MUSE ist es nämlich, Kindern nahezubringen, dass die Wissenschaft etwas Begeisterndes ist, etwas, das man direkt erleben kann, und keine trockene Materie.

**MUSE** · Wissenschaftliches Museum · Corso del Lavoro e della Scienza 3 · 38122 Trento
Di–Fr 10–18, Sa, So, Feiertage 10–19 Uhr · Eintritt 9 € · Tel. 0461/27 03 11 · www.muse.it

Lichtdurchflutet und über alle Stockwerke überschaubar: Wissenschaft modern

Das noble Restaurant im prachtvollen Hotel Villa Madruzzo ist inmitten eines fantastischen Parks gelegen. Wildgerichte sind die Protagonisten der Speisekarte.

## 95

# Historische Residenz über den Dächern von Trento

**Die Villa Madruzzo kann auf eine bewegte Vergangenheit zurück-blicken.** Sie wurde während des Konzils von Trient (1545–1563) vom Fürst-bischof Cristofero Madruzzo erbaut und blieb über Jahrzehnte in Besitz der Familie Madruzzo. Einer der letzten Bewohner war Bischof Carlo Ema-nuele Madruzzo. Er verliebte sich in seine Nachbarin, die Adelige Claudia Paricella. Für die heimlichen Treffen ließ er einen unterirdischen Gang bauen, um zu seiner Geliebten zu gelangen. Nach seinen Tod verfiel die Villa, bis sie Mitte des 19. Jahrhunderts Paolo Oss, Bürgermeister von Trient, wieder rekonstruieren ließ. Heute ist die Villa Madruzzo ein beliebtes Hotel.

**Hotel Villa Madruzzo**★★★★ · Via Ponte Alto 26 · 38121 Trento · Tel. 0461/98 62 20
www.villamadruzzo.com

# Residieren im Renaissance-Palazzo mit Domblick

**Easy Living ist das Motto des Stadthotels Aquilo d'Oro«.** Der Hotel-Palazzo befindet sich in der Via Rodolfo Belenzani, eine der schönsten und farbenprächtigsten Straßen von Trient, nur einen Steinwurf von der fan-tastischen Piazza Duomo entfernt. Von außen ist es kaum als Hotel er-kennbar, der elegante Palazzo ist schmal – so wie die Häuser damals gebaut wurden. Umso überraschter ist man, wenn man die aparte Hotellobby be-tritt. Den Besitzern ist es bestens gelungen, auf engem Raum ein echtes Wohlfühlambiente zu schaffen. Alle Zimmer und Suiten sind verschiede-nen Themen gewidmet, die jedoch immer mit der Geschichte der Stadt zu tun haben.

**Hotel Aquila d'Oro**★★★★ · Via Rodolfo Belenzani 76 · 38122 Trento · Tel. 0461/98 62 82
www.aquiladoro.it

# Glockenschläge für den Frieden

*Glockentöne über der Stadt Rovereto sind ein Signal des Friedens. Jeden Abend, im Sommer um 21.30 und im Winter um 20.30 Uhr sowie jeden Sonntag um 12 Uhr, erinnern 100 Glockenschläge an die Gefallenen aller Kriege auf dieser Erde und sind gleichzeitig eine ständige Mahnung für den Frieden.*

**Maria Dolens** (»Leidende Maria«) **heißt die größte Glocke der Welt,** die als Mahnmal auf dem Colle di Miravalle über Rovereto thront. Die Idee zu dieser Glocke hatte der Geistliche Don Antonio Rossaro. Er veranlasste 1924, die Kanonen aller Nationen, die am ersten Weltkrieg beteiligt waren, einzuschmelzen und eine Glocke daraus zu gießen. Man taufte die Glocke am 24. Mai 1925 *Maria Dolens* und brachte sie auf das Castello von Rovereto. Da der Klang der Glocke nicht so klar war, wie man erhofft hatte, brachte man sie 1939 nach Verona, um sie erneut einzuschmelzen. Am 26. Mai 1939 kam die Glocke nach Rovereto zurück, um wieder mit ihren Glockenschlägen an den Frieden in der Welt zu erinnern. Viele Jahre später, genau am 31. August 1960, hörte die Glocke wegen eines Risses auf, zu schlagen. Die Bewohner von Rovereto gaben aber nicht auf. Sie sammelten Spendengelder, um das erneute Einschmelzen zu ermöglichen. Am 31. Oktober 1965 brachte man die Glocke auf den Petersplatz in Rom, wo sie von Papst Paul VI. gesegnet wurde. Mit einem Triumphzug wurde das edle Teil zurück nach Rovereto transportiert und auf dem Colle di Miravalle aufgebaut. Dort hängt sie noch heute und erinnert mit ihren 100 Schlägen an die Gefallenen aller Kriege auf dieser Welt. An der riesigen Glocke sind die Wünsche der Päpste Pius XII. und Johannes XXIII. eingraviert: »Nichts geht durch den Frieden verloren. Alles kann durch den Krieg verloren gehen.«

Unter dieser Glocke zu stehen ist beeindruckend, denn sie ist 3,36 Meter hoch, hat einen Durchmesser von 3,21 Metern und wiegt 226,39 Tonnen. Im Museum wird die Geschichte der Glocke dargestellt.

---

**Campana dei Caduti** · Friedensglocke · Colle di Miravalle · 38068 Rovereto
Museum: März bis Okt. 9–19 Uhr · Eintritt 3 € · www.fondazioneoperacampana.it

Unter der mächtigen, 3,36 Meter hohen Glocke kommt man sich ganz winzig vor.

Die 25 Meter hohe Glaskuppel wölbt sich mit einem Durchmesser von 40 Metern über dem Eingang. Ständig wechselnde Ausstellungen locken zahlreiche Besucher an.

# MART – Pantheon ohne Fassade

*Rovereto hat es mit MART, dem Museo d'Arte Moderna e Contemporanea, innerhalb kürzester Zeit geschafft, zu einem der wichtigsten europäischen Treffpunkte moderner Kunst zu werden. Wechselnde thematisch gestaltete Ausstellungen, aber auch das Bauwerk selbst, locken Jahr für Jahr zigtausende Besucher an.*

**Raum für die Kunst, nicht Raum trotz der Kunst,** unter diesem Motto begann der aus dem Tessin stammende Architekt Mario Botta 1987 mit der Planung dieses neuen Museums. Es standen ihm zwar 29 000 Quadratmeter Fläche zur Verfügung, verzwickt war jedoch die Lage. Das Gebäude sollte in der historischen Via Bettini zwischen zwei ehrwürdigen Palazzi aus dem 18. Jahrhundert platziert werden. Mit einem, wie er es nannte, »Pantheon ohne Fassade« löste er das Problem. Die drei Stockwerke des Museums werden von einem 6000 Quadratmeter großen Platz umrahmt, über dem sich in 25 Meter Höhe eine Glaskuppel mit einem Durchmesser von 40 Metern wölbt. Dieser Platz ist sehr beliebt für größere Veranstaltungen der Stadt.

▶ **Im Ristorante Al Trivio kann man den MART-Besuch mit guter Küche ausklingen lassen. Campiello del Trivio 11, 38068 Rovereto, Tel. 0464/43 64 14, Ruhetag Mo, www.altrivio.it**

Nach fünfjähriger Bauzeit konnte am 20. August 2002 das Museum mit 12 000 Quadratmeter Ausstellungsfläche eröffnet werden. Faszinierend ist bereits beim Betreten der Vorhalle der überwältigende Blick in den Himmel und die Rovereto umgebenden Berge. Neben den ständig wechselnden Themenausstellungen internationaler Künstler werden auch Ausstellungen eigener Bestände gezeigt. Das Museum besitzt über 30 000 Gemälde, Zeichnungen, Schnitte und Skulpturen. Nicht entgehen lassen sollte man sich die berühmten Bilder von Andy Warhol sowie einige Werke von Picasso, Fontana, de Chirico sowie Christos Verpackungskunst. Ein Teil des Museums, der Fortunato Depero gewidmet ist, dient der Erforschung des Futurismus.

**MART Rovereto** · Corso Bettini 43 · 38068 Rovereto · Di–So 10–18, Fr 10–21 Uhr
Eintritt 11 € · Tel. 0464/43 88 87 · www.mart.trento.it

# Sympathische Botschafter der Vallagarina-Weine

*Im prachtvollen Palazzo de Probizer, inmitten des hübschen Dorfes Isera über der Etsch gelegen, gibt es nicht nur schmackhafte Küche und eine herrliche Terrasse mit Blick auf Rovereto, sondern vor allem die Weine von 29 Winzern der umliegenden Weinberge, des Weinbaugebiets Vallagarina.*

**Seit 1999 ist der beeindruckende Palazzo der Platz für Weinliebhaber** und solche, die es werden wollen. Schon von außen wirkt das Casa del Vino mit dem alten Brunnen und dem gepflasterten Weg zu den Gastzimmern und der Terrasse einladend. Das Ambiente in den Gasträumen ist heimelig: Ein altes Gewölbe, dunkle Holzstühle, alles ist schlicht gehalten, um den alten Mauern nichts vom ursprünglichen Charme zu nehmen. Im Empfangsbereich kann man heimische Produkte und vieles mehr, was Feinschmecker erfreut, kaufen. Bei schönem Wetter ist die weitläufige, schicke Terrasse ein Highlight. Ein idealer Platz, um die feine Küche und das passende Glas heimischen Wein in aller Ruhe und mit Traumblick aufs Etschtal und Rovereto zu genießen. Täglich wird lediglich ein Menü angeboten, das aus Lebensmitteln zubereitet wird, die im näheren Umkreis gedeihen. Folglich ist die Küche immer der jeweiligen Saison angepasst. Man kann je nach Hunger entweder das komplette Menü genießen oder einfach nur einen Gang daraus. Die Krönung des Genusses ist jedoch, dass der Gast von dem sehr freundlichen Servicepersonal kompetent beraten wird, wenn es um den passenden Wein zum Essen geht. Alle Weine und Spumante der 29 beteiligten Winzer erhält man auch glasweise, somit hat man die Möglichkeit, zum Beispiel Marzemino, den typischen Rotwein der Region, von unterschiedlichen Winzern zu verkosten. Sollte der Wein zu gut munden, im Palazzo Probizer gibt es – gleich über der Osteria – ein kleines, elegantes Hotel mit fünf Zimmern, die alle nach einer Rebsorte benannt sind. Alle Zimmer sind mit hochwertigen Materialien und viel Liebe zum Detail ausgestattet.

**Casa del Vino** · Piazza San Vincenzo 3 · 38060 Isera · 12–22 Uhr
Tel. 0464/48 60 57 · www.casadelvino.info

chon der Eingang zur Osteria ist einladend. Die Gasträume verbreiten eine wohlige Atmosphäre und die heimischen Weine runden das Wohlbefinden perfekt ab.

# Register

## Essen und Trinken

Acetaia  128
Antica Gardumo  138
Café Carducci  160
Casa del Dolce di Joseph Barone  84
Casa del Vino  188
Cedral Tassoni  82
Corte Vittoria  56
Dogana Veneta  40
Enoteca Corte Torcolo  27
Enoteca della Valpolicella u. Agriturismo CorteForte  144
Hotel Aquila d'Oro  183
Il Calderone  108
La Miniera  108
Osteria Al Bianchi  92
Osteria Sottoriva  162
Palazzo Victoria  156
PiJei Osteria-Vineria  80
Quanto Basta  68
Restaurant Alla Borsa  46
Ristorante Cavour  172
Ristorante Lido 84  96
Selva Capuzza  58
Società coop. agricola tipica polenta  80
Trattoria Alla Ruota  150
Trattoria Belvedere  134
Villa Cordevigo, Wine Relais u. Restaurant Oseleta  38

## Einkaufen

Azienda Agricola Comincioli  76
Bäckerei Wilson  144
Blue Express  168
Caffè G. Martini  74
Cantina Zeni e Museo del Vino  24
Carlo Gobetti  20

Cooperativa fra Pescatori Garda  10
Dolce Locanda  170
Gioielli Soprana  168
Grappadorf Santa Massenza  136
I Sapori del Portico  154
Imago Decorazioni di Lara
Maccacheri  52
La Prebenda  30
Latteria Turnaria di Tignale  108
Ottica Martinelli e Le Gioie di Magda  48
Parfum Idéal  42
Pastificio Remelli  46
Sembeni  54
Specialità Magosso  172
Villa della Torre, Weingut Allegrini  148

## Kunst und Kultur

Alter Bahnhof in Affi  20
APT Trento  178
Az. Ag. Borghese Cavazza  78
Casa degli Artisti Giacomo Vittone  124
Centro di Eccellenza  102
Chiesa di Santa Maria Maggiore  176
Chiesa San Giuseppe  86
Chiesa San Severo  26
Chiesa San Zeno  26
Grotte di Catull  66
Hotel Villa Madruzzo  182
Informationsbüro Terre & Sapori d'Alto Garda  100
Kirche Sant'Anastasia  158
Lonato del Garda  70
MART Rovereto  186
Museo della Pesca u. Consorzio Tutela Lugana  44

Museo Internazionale della Croce Rossa  72
Museo Nicolis  64, 174
Museo Santa Giulia  90
Museum in der Scaligerburg  14
Punta San Vigilio  12
Rilke-Promenade auf den Spuren von R. M. Rilke  132
Santuario Madonna della Corona  32
Spaziergang auf Kafkas Spuren mit Prof. Farina  120
Statue von Gaspero da Salò  86
Teatro Romano Piazzetta  166
Torri del Benaco  8
Vittoriale degli Italiani  98
Wallfahrtskirche Montecastello  106

# Freizeit und Familie

Il Giardino dei Sogni  34
MUSE  180
Outdoorplanet  22
Parco delle Cascate  152
Prà de la Fam (Badestrand)  114
Riesenplatane  34

# Natur erleben

Az. Agr. Eggiolini Germano  94
Cassone  8
Castellaro Lagusello  61
Giardino Botanico di André Heller  98

Giardino Giusti  164
Informationsbüro InGarda  126
Informationsbüro Associazione Pro Loco  104
Informationsbüro Pieve di Tremosine  104, 110
La Limonaia del Castèl Limone  116
Orto Botanico del Monte Baldo  36
Parco Arciducale »Arboretum«  130
Pieve di San Giorgio di Valpolicella  142
Rocca di Garda  16
Scaligerburg Malcesine  6
Vigneto Pusterla  88

# Entspannung

Aquardens  140
B&B Torre degli Ulivi  114
Cascina Le Preseglie  60
Coco Beach Club  68
Maison Resola  50

# Überraschendes

A. Foletto di Foletto Alberto  112
Campana dei Caduti  184
Leon d'Oro  118
Palazzo dei Comune mit Torre Lamberti  160
Video Marmoteca  146

**Verantwortlich:** Ulrich Jahn, Marianne Rösler
**Redaktion:** Annette Rose
**Layout:** graphitecture book & edition
**Repro:** Repro Ludwig
**Korrektorat:** Viola Siegemund
**Umschlaggestaltung:** Ulrike Huber
**Kartografie:** Kartographie Huber, Heike Block
**Herstellung:** Bettina Schippel
Printed in Germany by Phoenix Print

**Sind Sie mit diesem Titel zufrieden? Dann würden wir uns über Ihre Weiterempfehlung freuen.**
Erzählen Sie es im Freundeskreis, berichten Sie Ihrem Buchhändler, oder bewerten Sie bei Onlinekauf.
Und wenn Sie Kritik, Korrekturen oder Aktualisierungen haben, freuen wir uns über Ihre Nachricht an Bruckmann Verlag, Postfach 40 02 09, D-80702 München oder per E-Mail an lektorat@verlagshaus.de.

Unser komplettes Programm finden Sie unter

Alle Angaben dieses Werkes wurden vom Autor sorgfältig recherchiert und auf den aktuellen Stand gebracht sowie vom Verlag geprüft. Für die Richtigkeit der Angaben kann jedoch keine Haftung übernommen werden.

**Bildnachweis:** Alle Bilder des Umschlags und des Innenteils stammen von Thilo Weimar, außer S. 65 o. picture alliance / chromorange, S. 69 o. Coco Beach, S. 149 Sara Matthews. Umschlagvorderseite: Punta San Vigilio (Udo Bernhart), Schuhe (Shutterstock/ Supertrooper)

Die Deutsche Nationalbibliothek verzeichnet diese Publikation in der Deutschen Nationalbibliografie; detaillierte bibliografische Daten sind im Internet über http://dnb.d-nb.de abrufbar.

2. Aktualisierte Nachauflage
© 2015 Bruckmann Verlag GmbH

ISBN 978-3-7654-8729-3